县级国土空间生态修复规划编制关键技术与应用

赵存维 等 著

中国矿业大学出版社
·徐州·

内 容 提 要

本书针对县级国土空间生态修复的迫切需求，系统阐述了生态修复规划编制的关键技术与实际应用，对当前生态修复面临的形势与主要生态现状进行了深入剖析，重点介绍了生态修复格局划分、生态修复重点工程等方面的实用技术。同时，结合丰富的实际案例，详细阐述了生态修复工程的实施步骤与成效评估，为县级政府及相关部门提供了切实可行的指导。本书全面解析了县级国土空间生态修复的核心理念与实践方法，对推动我国生态文明建设和可持续发展有重要参考价值。

本书可作为土地资源管理、地理学、环境工程、生态学及相关专业教材及科研参考用书，也可为政府决策和规划部门的相关工作提供参考。

图书在版编目（ＣＩＰ）数据

县级国土空间生态修复规划编制关键技术与应用 / 赵存维等著. — 徐州：中国矿业大学出版社，2024.7.
ISBN 978-7-5646-6353-7

Ⅰ.F129.9;X321.2

中国国家版本馆 CIP 数据核字第 2024NC9687 号

书　　名	县级国土空间生态修复规划编制关键技术与应用
著　　者	赵存维　乔旭宁　王世东　刘怡真
责任编辑	何　戈
出版发行	中国矿业大学出版社有限责任公司
	（江苏省徐州市解放南路　邮编 221008）
营销热线	（0516）83885370　83884103
出版服务	（0516）83995789　83884920
网　　址	http：//www.cumtp.com　E-mail：cumtpvip@cumtp.com
印　　刷	江苏淮阴新华印务有限公司
开　　本	787 mm×1092 mm　1/16　印张 8　字数 154 千字
版次印次	2024 年 7 月第 1 版　2024 年 7 月第 1 次印刷
定　　价	35.00 元

（图书出现印装质量问题，本社负责调换）

前　言

生态文明建设是中华民族永续发展的基石,国土空间生态修复作为支撑生态文明建设的重要方式,已成为学术界和各级政府关注的重大理论和实践议题。自党的十八大以来,生态文明建设被纳入中国特色社会主义建设总体布局,彰显了其至关重要的战略地位。中共中央、国务院在《生态文明体制改革总体方案》中明确提出,以空间规划为基础、以用途管制为主要手段,构建国土空间开发保护制度,旨在解决因无序开发导致的生态问题。党的十九大将坚持人与自然和谐共生作为发展中国特色社会主义的指导思想,并将"绿水青山就是金山银山"这一理念载入党章。全国人民代表大会将"生态文明"写入宪法,标志着生态文明建设被提升至空前的历史高度和战略地位。在十九届四中全会上,党中央提出要实行最严格的生态环境保护制度,全面建立资源高效利用制度,健全生态保护和修复制度,严明生态环境保护责任制度。习近平总书记在十九届六中全会上再次强调,生态文明建设是关系中华民族永续发展的根本大计,必须坚持系统观念,统筹推进"五位一体"总体布局,协调推进"四个全面"战略布局,推动高质量发展。因此,构建县级国土空间生态修复规划编制的关键技术并进行应用推广,对于国土空间规划体系的完善、"美丽中国"和生态文明建设意义重大。本书以河北省邢台市临城县为例,以遥感影像数据、统计数据、实地调研数据为基础,运用地理信息系统、数理统计、社会调研等多种方法,研究临城县国土空间生态修复格局并对县级国土空间生态修复规划编制的关键技术进行探讨。本书具体内容如下:第一章面临形势、第二章生态现状与主要问题，阐述了国土空间生态修复的背景与意义，总结当前生态修复工作成效，全面调查县级行政区域内生态系统类型、结构、功能和生态资源状况，分析生态系统面临的问题和生态服务需求；第三章总体要求与规划目标，阐述国土空间生态修复规划遵循的原则与预期达到的目标，以及规划的主要任务；第四章国土空间生态修复格局、第五章国土空间生态修复重点工程，根据生态本底调查和分析结果，结合县级行政区域内的自然地理格局、生态安全格局和生态功能区划，制定生态廊道和生态功能区划，形成生态空间布局；第六章保障措施，制订规划实施方案，明确责任主体和实施流程，建立监测与评估机制，定期对规划实施情况进行监测和评估，及时调整规划目标和措施，确保规划实施效果。

本书具体分工如下：前言由赵存维（邯郸市广凯土地规划设计有限公司）和乔旭宁（河南理工大学）撰写，第一章由刘怡真（河南省地图院）和赵存维撰写，第二章由赵存维和王世东（河南理工大学）撰写，第三章由赵存维和乔旭宁撰写，第四章由赵存维和王世东撰写，第五章由赵存维撰写，第六章由赵存维和刘怡真撰写。全书由赵存维统筹定稿。

本书的撰写得益于众多学者、专家和实践者的研究和经验，同时也得到了许多同仁的宝贵意见和建议。在此，我要向所有为本书提供支持和帮助的人员表示由衷的感谢。最后，希望本书能够对县级国土空间生态修复规划编制和研究有所帮助，同时希望通过抛砖引玉激发国内外同行对县级国土空间生态修复规划编制展开进一步思考和探索。

鉴于县级国土空间生态环境的独特复杂性和区域差异，受资料时效性和学术水平等因素的限制，书中难免存在有待深入探讨的问题以及不当之处。我们诚挚地希望广大读者和专家能够提出宝贵的意见和建议，以促进我们的研究工作不断改进和完善。

赵存维
2024 年 1 月

目　录

第一章　面临形势 ··· 1
　第一节　形势与要求 ·· 1
　第二节　生态修复工作成效 ·· 6
　第三节　机遇与挑战 ·· 9

第二章　生态现状与主要问题 ·· 12
　第一节　自然地理和生态现状 ··· 12
　第二节　存在的主要问题和风险 ······································ 18

第三章　总体要求与规划目标 ·· 34
　第一节　指导思想 ·· 34
　第二节　基本原则 ·· 35
　第三节　规划目标 ·· 37
　第四节　主要任务 ·· 39

第四章　国土空间生态修复格局 ····································· 42
　第一节　总体格局 ·· 42
　第二节　修复分区 ·· 48
　第三节　重点区域 ·· 78

第五章　国土空间生态修复重点工程 ······························· 106
　第一节　三峰山森林生态修复重点工程 ···························· 106
　第二节　水域环境生态系统修复重点工程 ························· 107

第三节　赵庄乡南部水土保持重点工程……………………………… 108
   第四节　矿山生态修复重点工程…………………………………… 109
   第五节　农业农村生态修复重点工程……………………………… 110
   第六节　城镇生态提升重点工程…………………………………… 110

第六章　保障措施…………………………………………………………… 112
   第一节　严格执行规划……………………………………………… 112
   第二节　完善规划体系……………………………………………… 113
   第三节　健全规划实施管理制度…………………………………… 114
   第四节　创新国土空间生态修复市场机制………………………… 115
   第五节　强化规划实施技术支撑…………………………………… 116
   第六节　鼓励公众参与……………………………………………… 117

参考文献……………………………………………………………………… 119

第一章 面临形势

第一节 形势与要求

生态文明建设是关乎中华民族永续发展的根本大计。生态环境是人类生存最为基础的条件,是我国持续发展最重要的基础;国土空间生态修复是关系国家生态安全和民生福祉的重要国家战略任务。党的十八大首次把生态文明建设提到中国特色社会主义建设"五位一体"总体布局的战略高度。2015年中共中央、国务院印发《生态文明体制改革总体方案》,提出我国生态文明体制改革的目标是构建以空间规划为基础、以用途管制为主要手段的国土空间开发保护制度,着力解决因无序开发、过度开发、分散开发导致的优质耕地和生态空间占用过多,生态破坏,环境污染等问题。党的十九大将坚持人与自然和谐共生纳入新时代发展中国特色社会主义的总体方略,将"绿水青山就是金山银山"写入党章,第十三届全国人民代表大会将"生态文明"写入宪法,生态文明建设被提高到空前的历史高度和战略地位。2019年10月党的十九届四中全会提出,坚持和完善生态文明制度体系,促进人与自然和谐共生,要实行最严格的生态环境保护制度,全面建立资源高效利用制度,健全生态保护和修复制度,严明生态环境保护责任制度。习近平总书记在十九届六中全会讲话中强调,要坚持系统观念,统筹推进"五位一体"总体布局,协调推进"四个全面"战略布局,立足新发展阶段、贯彻新发展理念、构建新发展格局、推动高质量发展,坚持在发展中保障和改善民生,坚持人与自然和谐共生。党中央强调,生态文明建设是关乎中华民族永续发展的根本大计,保护生态环境就是保护生产力,改善生态环境就是发展生产力,决不以牺牲环境为代价换取一时的经济增长。党中央将从思想、法律、体制、组织、作风上全面发力,全方位、全地域、全过程加强生态环境保护,推动划定生态保护红线、环境质量底线、资源利用上线,开展一系列根本性、开创性、长远性工作。

一、国土空间生态特征

临城县隶属河北省邢台市,地理坐标为东经 114°02′～114°38′、北纬 37°20′～37°36′,位于邢台市北部、太行山东麓,是邢台市的边缘县。东与柏乡县和隆尧县相邻,南接内丘县,北连石家庄,属温带大陆性季风气候,地势西高东低。境内风景秀丽,有岐山湖、普利塔、息波亭、崆山白云洞、蝎子沟原始次生林、邢窑遗址等旅游景点和历史遗迹,总面积 797.00 km²。截至 2020 年年末,全县辖 5 镇 3 乡 220 个行政村。根据第七次人口普查数据,截至 2020 年 11 月 1 日零时,临城县常住人口 199 793 人。临城县有京广铁路、京珠高速、107 国道过境。其资源开发、工农业生产、客货运输及与毗邻地区的相互交流主要通过公路运输来实现。

临城县属于北半球暖温带亚湿润大陆性季风气候,四季分明。临城县地处太行山东麓,地势西高东低,西部为中山区,海拔最高 1 510 m,最低 38.30 m。全县中山区占 10.75%,低山区占 55.89%,丘陵区占 25.38%,平原区占 7.98%(图 1-1)。

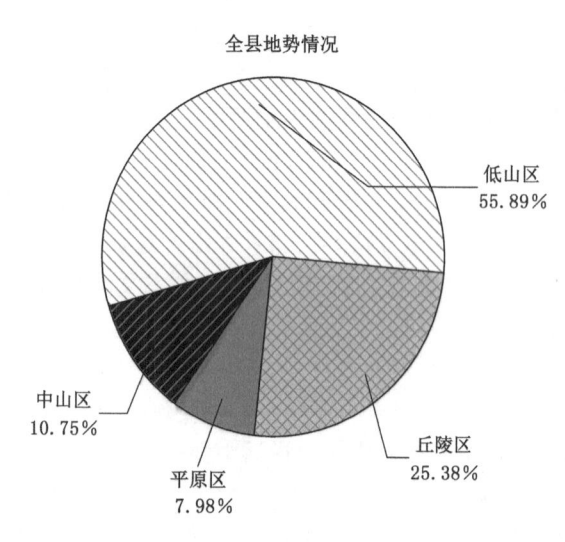

图 1-1 临城县地势分布

临城县河流属于海河流域子牙河水系。县境内主要有泜河、午河和小槐河三条河流,主河流长 138.68 km,均属子牙河水系的滏阳河上游支流,多为时令河,平时基流很少或干涸。坐拥南水北调总干渠,实现泜河、泜河北支、泜河南支、塞里川、小槐河、午河、槐河、李阳河"一水八河"相互协调,同时拥有临城水库、乱木水库等十九座水库,水资源较为丰富。

现有草地面积为 25 964.22 hm^2(1 hm^2 = 10 000 m^2),在县域中的覆盖率超过 33%;林地面积 25 964.22 hm^2,覆盖率超过 30%;耕地面积 28 635.74 hm^2,占比达 36.60%;现有 5 处自然保护地,包括 1 处自然保护区、2 处森林公园、1 处风景名胜区和 1 处自然公园,总面积 36 278.85 hm^2,去重后面积 22 038.54 hm^2(表 1-1)。据统计,临城县空气 $PM_{2.5}$ 浓度为 65 $\mu g/m^3$,全市排名第 6,同比下降 25.29%,改善率全市排名第 3。

表 1-1 生态本底资源一览表

地类	面积/hm^2	占比/%
耕地	28 635.74	36.60
林地	25 964.22	33.18
陆地水域	2 278.50	2.91

临城县境内矿产资源丰富,已探明 25 处固体矿产,煤炭资源储量 3.64 亿 t,水泥用灰岩 8.43 亿 t,铁矿 0.17 亿 t,饰面用板材 0.31 亿 t(表 1-2)。14 处矿产资源均已开发利用,全县固体矿产年产量 353.54 万 t,其中水泥用石灰岩产量 285.63 万 t,铁矿石产量 48.31 万 t。列入《河北省矿产资源储量表》的矿产 12 种,为煤炭、铁矿、铝土矿、耐火黏土、硫铁矿、长石、石膏、水泥用灰岩、玻璃用砂岩、水泥配料用砂岩、饰面用辉绿岩、饰面用板岩。

表 1-2 矿产资源一览表

矿产名称	储量/亿 t	年产量/万 t
煤炭资源	3.64	/
水泥用灰岩	8.43	285.63
铁矿	0.17	48.31
饰面用板材	0.31	/

临城县目前建设用地面积为 8 863.81 hm^2。其中,城乡建设用地面积为 6 361.98 hm^2,占县域面积 7.52%,主要集中在县城及开发区。其他建设用地面积为 2 501.83 hm^2,占县域面积 2.96%。临城县现有非建设用地面积为 69 386 hm^2,包括耕地、园地、林地、草地、湿地、农业设施建设用地、陆地水域和其他土地 8 类。目前中心城区建设用地面积为 1 294.22 hm^2。其中,城乡建设用地面积为 1 147.53 hm^2,其他建设用地面积为 146.69 hm^2。在城镇开发边界内集中

建设区外现有 107.07 hm² 建设用地,主要为村庄建设用地。

二、经济和社会发展现状

2020 年,面对新冠肺炎疫情的巨大冲击和复杂严峻的国内外环境,全县上下科学统筹推进疫情防控和经济社会发展,紧扣全面建成小康社会目标任务,扎实做好"六稳"工作,全面落实"六保"任务,县域经济延续总体平稳、稳中向好的发展态势,各项经济和社会工作取得新进展。

全年生产总值完成 516 870 万元,同比增长 4.60%,占邢台市生产总值的 2.35%。全年粮食产量 145 953 t,比上年增加 2 075 t,增产 1.40%。全年全部工业增加值完成 104 583 万元,比上年增长 6%。固定资产投资完成 413 135 万元,比上年降低 12%。全年社会消费品零售总额实现 239 085 万元,比上年降低 0.90%。全年财政收入完成 57 689 万元,比上年增长 4%。规模以上工业能耗完成 324 294 t 标准煤,比上年增长 18.70%。全县交通运输、仓储和邮政业实现增加值 41 343 万元,比上年下降 4%。

全县有各类学校 93 所,目前全县域共有小学 27 所、九年一贯制学校 1 所、小学教学点 53 处、初中 9 所、高中 2 所、特殊教育学校 1 所,基本满足县域教育服务需求(表 1-3)。

表 1-3 教育设施情况一览表

办学类型	学校数量所	教学班数
小学	27	409
小学教学点	53	133
初中	9	196
高中	2	146
九年一贯制学校	1	13
特殊教育学校	1	9

截至 2020 年年末,全县总户数 82 710 户,户籍总人口 220 276 人,其中男性 112 333 人,女性 107 943 人。全年出生 1 889 人,死亡 2 111 人。户籍城镇人口 76 912 人,户籍人口城镇化率 36.14%。城乡人民生活水平进一步提高,城镇居民人均可支配收入达 29 143 元,增长 4.80%;农村居民人均纯收入 11 513 元,同比增长 7.90%。

三、新形势对国土空间生态修复的新要求

随着京津冀协同发展、中原经济区和环渤海地区合作发展等重大国家战略的实施,北京非首都功能疏解加快,为临城县站在更高更广的平台上拓展发展空间、提升发展层次,提供了最难得、最宝贵、最现实的历史机遇。中央协调推进"四个全面"战略布局,实施创新驱动发展战略、"中国制造2025"以及"互联网+"行动计划等决策部署,为临城县弥补发展短板、促进经济转型升级、提质增效等提供了强大引擎。国家实施"一带一路"倡议,加快建设自由贸易试验区,为临城县推进新一轮高水平对外开放、推动优势产能走出去提供了广阔空间。中央和省高度重视生态文明建设,为临城县加大生态修复力度、促进生态环境持续好转提供了难得的机遇。

未来,是临城县全面建设社会主义现代化的关键时期,是加快推进临城县全面振兴、全方位振兴的决胜期,也是开展国土空间修复、实现临城县生态环境根本好转、建设美丽临城的关键时期。临城要建设成为京津冀生态旅游目的地、冀中南现代制造业产业基地、冀中南生态宜居乐业城市、石邢都市圈双向交流门户以及塑造"山水洞天、清新临城"的区域形象和呈现"最美太行山水,宜居乐业临城"的新景象。上述目标对临城国土空间生态修复提出了新要求,主要表现为:

(1) 生态优先、绿色发展。科学推进国土绿化,加强森林资源保护修复,全面提升森林生态系统质量。全面落实生态文明建设要求,坚持底线思维,保障生态环境安全,优化国土空间格局;倒逼城镇发展由外延扩张向内涵提升转变,逐步提高城乡建设用地集约利用水平,推进城乡建设用地有机更新,推动形成绿色的发展方式和生活方式。

(2) 区域协调、全域统筹。要以旅游为切入点积极参与京津冀城镇群建设,推进与周边地区的协同发展,实现区域共建、共享、共治,促进全域联动发展,加强全域生态建设、环境保护、资源开发、产业布局和设施建设等。

(3) 构建良好生态系统关系。大力开展农业农村国土空间修复,加强河道、生物迁徙等生态廊道建设,构建不同空间和生态系统内部的多尺度、多类型的生态廊道,打造"源廊成网、生境连通"的绿色基础设施网络。修复植被、水陆与城乡生态界面,建设生态系统间多类型隔离缓冲带,增强系统稳定性。夯实生态安全格局,完善生态系统之间的连通性,提升区域生态系统稳定性,夯实国土空间自然生命支撑系统。

(4) 统筹城内城外,保护和修复各类自然生态系统,科学开展城市生态整治修复。减少城市内涝、热岛效应,提高城市韧性,提升城市品质。加强城市公园绿地建设,建设健康城市水循环。保护修复城市历史文化特色,提升城市人居环境品质。以生态宜居为目标,打造高质量发展城市生态系统。

(5) 保护乡村自然景观,实施退化农用地生态修复。积极构建生态廊道和生态缓冲带,改善农田及周边生态环境,恢复田间生物群落和生态链,提高农田生态系统生物多样性。整体推进农用地、建设用地整理和乡村生态保护修复,促进乡村国土空间格局优化,助力生态宜居乡村建设。

(6) 积极推进重点区域矿山复绿行动,构建矿山生态修复新模式。推动矿产开发与环境保护相协调,统筹矿山生态修复与矿区自然资源利益,强化矿山生产过程监管。优化矿区国土空间格局,推进历史遗留矿山损毁土地复垦与利用。

第二节　生态修复工作成效

一、生态文明新格局初步构筑

(1) 全县生态环境本底优良。水域面积为 2 974.67 hm^2,占全县土地总面积的 3.73%,岐山湖水库、乱木水库、泜河和小槐河所占面积比较大,还包括分布在中部和东部(主要是西竖镇和黑城镇)的众多大小水库。西部处于太行山脉,林地面积所占比重较大,达到 19 552.79 hm^2,主要分布在西部山区的赵庄乡和郝庄镇。占总国土面积 1/5 的国家地质公园和森林公园拥有丰富的动植物资源。其中,小天池森林公园内有种子植物约 72 科 500 余种,蕨类植物 13 科 40 种,森林覆盖率达 62%;有脊椎动物 130 种,其中两栖类 2 种,爬行类 13 种,鸟类 115 种,列入国家重点保护的有 13 种,有国家、省级保护动物,如金钱豹、乌鸡、金雕、狍子、獾、狐狸、狼、野兔、野猪等 70 多种。

(2) 全县采取了一系列保护和改善生态环境的措施和方法,加大生态环境建设力度,使生态环境得到有效保护和改善。通过设定资源消耗上限、环境质量底线、生态保护红线,建立了资源环境承载能力预测预警制度,保障了自然资本保值增值。通过完善生态保护补偿机制,建立了地区间横向生态补偿机制,进而引导了生态受益地区与保护地区、流域上下游之间实施多元化补偿。建立和落实了领导干部任期生态文明建设责任制,实行生态环境损害责任终身追究制。全县累计治理水土流失面积 26 500 hm^2,退化土地恢复率达到 79.8%,良好的生态环境本底为全县的生态环境建设奠定了基础。

二、矿山生态修复效果显著

(1) 临城县境内矿产资源丰富。全县已发现各类矿产 27 种,已列入《河北省矿产资源储量表》的矿产 12 种,为煤炭、铁矿、铝土矿、耐火黏土、硫铁矿(矿石)、长石、石膏、水泥用灰岩、玻璃用砂岩、水泥配料用砂岩、饰面用辉绿岩、饰面用板岩等。临城县已探明储量的固体矿产地 25 处,其中煤矿 4 处,铁矿 3 处,非金属矿产 18 处。全县共有矿山 44 个,其中大型矿山 1 个,中型矿山 9 个,小型矿山34个。按矿种划分,包括煤矿9个,铁矿8个,水泥用灰岩矿7个,饰面板岩矿4个,其他矿种16个。

(2) 矿山地质环境保护与治理力度不断加大。通过优化山区生态环境,以保护为主、集约开发为辅,加强了山体修复、矿山环保达标整治。加快了石灰岩、花岗岩、石英石开采加工园区建设和资源整合工作,推进了企业规模化、集约化生产,以及集中开采区建设。通过以水源涵养区为重点,进行了水土流失治理,优化了配置工程、植物和耕作措施,科学防治山洪、泥石流等自然灾害,构建了水土流失综合防护体系。截至2020年,大中型矿山基本达到绿色矿山标准。

(3) 矿山生态修复效果显著。矿业布局更加优化:大力推进资源整合工作,坚决淘汰落后产能,化解过剩产能。矿山数量由58家关闭、整合为44家,大中型矿山比例由17%提升到23%。资源利用更加节约集约:引导矿山企业优化管理和技术创新,切实提高矿山"三率"水平。铁矿开采回采率从81%提升到84%。矿山地质环境治理取得成效:开展大气污染防治、矿山环境治理攻坚、金属非金属矿山整顿、矿山复绿等专项行动,使矿山地质环境得到明显改善。历史遗留矿山地质环境治理恢复率达到36%。积极推进绿色矿山建设,促进了绿色矿业发展。管理制度进一步完善:深入推进政务公开,持续推进审批制度改革,落实矿产资源分级分类管理制度,矿业秩序进一步好转,矿政管理工作进一步规范。

三、农用地整治良好

(1) 通过永久基本农田的核实整改,调出永久基本农田图斑面积1 910.84 hm²,进一步优化永久基本农田布局。全县永久基本农田15 661.93 hm²,占县域总面积的20.02%,主要分布在县域东部平原地区。现有耕地面积为26 832.05 hm²,占县域总面积的36.60%。大于土地利用总体规划中规定的耕地保有量20 197 hm²的要求;高于《临城县土地利用总体规划(2010—2020年)》下达的耕地保有量20 197 hm²;满足规定的永久基本农田规模15 637.67 hm²的要求,耕地保护较好。

(2) 积极调整农业产业结构,发展畜牧、蔬菜、果品三大支柱产业,产值占农林牧渔业总产值的比重达75.90%。巩固和发展了以优质薄皮核桃、优质苹果、大枣为主的林果业,以无公害蔬菜、食用菌为主的高效种植业,以鸡、牛、羊为主的畜牧养殖业等三大传统优势产业。优质苹果种植面积发展到1 000 hm²,优质薄皮核桃达1 333.33 hm²,无公害蔬菜种植面积为1 000 hm²,全年粮食播种面积为23 354.00 hm²,农业生产多元化格局已初步形成,为生态农业发展奠定了良好的基础。

四、绿色生态县城逐步形成

(1) 建设用地逐年增长。临城县建设用地由 2009 年的 6 099 hm² 增长到 2019 年的 8 863.81 hm²，平均每年增加约 280 hm²，年均增长率约为 3.80%，高于全市 1.83% 的平均水平。中心城区城镇建设用地为 474.17 hm²，人均建设用地 77 m²，从 2012 年的 342.02 hm² 到 2019 年 474.17 hm²，建设用地增长了 132.15 hm²，城市总建设用地年均增长约 18.88 hm²。

(2) 县城生态建设和环境治理成效显著。通过围绕改造提升、互联互通、绿化亮化、水系建设，构建了"一环三带六区"（即县城大外环，泜河县城段北岸带状公园、小槐河南岸带状公园、南水北调西岸带状公园，中心城区、经济开发区、岐山湖服务业园区、现代农业示范区、金融商贸区、科教文化区）大县城发展布局。坚持以水为脉、以绿为带，实施小槐河整治、泜河开发、南水北调景观带建设等工程。推广了立体绿化，打造立体绿化景观；展开了南水北调干渠两侧绿化和健身休闲绿廊建设。实施了绿色建筑行动计划，推广绿色建材，建筑节能强制标准执行率达到 100%。大力倡导绿色出行，按照绿道标准建设改造步行和自行车道。截至 2020 年，县城建成区绿地率达到 39% 以上。

五、大气污染防治效果显著

打造京津冀南部生态环境支撑区，牢固树立"绿水青山就是金山银山"的理念，加强了环境治理和生态修复，推进了绿色循环低碳发展，严格落实《河北省国土保护和治理条例》的有关要求，通过完善生态文明制度体系，促进人与自然和谐共生，实现临城持续健康发展。

通过落实国家、省、市大气污染防治行动计划和临城县实施方案，空气质量明显好转，为临城县可持续发展提供了坚实的环境保障。坚持标本兼治，采取综合防治和全面控制措施，科学治霾、精准治污。组织实施了"淘汰燃煤锅炉、工业污染治理、城市扬尘治理、机动车污染治理"四大攻坚战役。通过加强对水泥、焦化、碳酸钙等重点行业大气污染治理，实现了加快脱硫、脱硝和除尘改造。开展了道路车辆污染综合整治、露天矿山污染整治、重点行业污染防治三大专项行动。严格依据排放标准，采取浓度和总量双控制，对环保不达标的企业实行限期整改和停产治理。区域间大气污染防治联防联控效果显著，完善了区域环境监测预警和信息共享机制。积极开展了清洁能源改造和集中供热替代，加快燃煤锅炉淘汰进程和更新换代。主要污染物排放总量完成省市任务安排，截至 2020 年，$PM_{2.5}$ 浓度比 2015 年下降 20% 以上。

六、水环境综合治理持续推进

通过实行能源和水资源消耗、建设用地等总量和强度双控行动,构建节水型社会。开展了水环境治理恢复行动,加强河流污染治理,以及河道清淤改造、河道沿岸环境整治、县城区水系建设等,确保了水质达标。

水污染防治行动计划如期执行,加强了岐山湖、子龙湖等综合治理,开展了污染河流治理、重点区域水污染防治。实施泜河、午河、小槐河等重点河流水生态保护与修复,着手建设岐山湖坝下生态湿地,涵养水源,保护环境。全面推进地下水超采综合治理工程,基本实现地下水采补平衡。加强工业水循环利用,推进了矿井水综合利用,促进了再生水利用。截至2020年,再生水利用率达到30%以上。

第三节 机遇与挑战

"十四五"时期是中华民族伟大复兴进程中承上启下的关键时期,我国已转向高质量发展阶段,制度优势显著,治理效能提升,经济长期向好,物质基础雄厚,人力资源丰富,发展韧性强劲,社会大局稳定,发展具有多方面有利条件。

一、机遇

"十四五"时期临城面临重大机遇。一是京津冀协同发展深度广度不断拓展,雄安新区建设明显加快,为临城县借势借力、跨越赶超带来了历史机遇;二是中央把创新摆上现代化建设全局的核心地位,为临城县实现产业转型升级、高质量赶超发展提供了难得机遇;三是以扩大内需作为战略基点,加快构建以国内大循环为主体、国内国际双循环相互促进的新发展格局,为临城县立足强大的国内市场需求,特别是挖掘京津冀巨大的内需潜力,加快提升供给体系质量打开了窗口;四是临城县明确以打造全域旅游示范县为目标,全力构建"一带三区六片"全域旅游大格局,积极融入百里太行旅游产业带建设,为提升临城在区域内的整体竞争力提供了契机。

(1)把握京津冀协同发展、北京非首都功能疏解以及雄安新区建设带来的产业扩散机遇。立足临城县自身区域优势和资源优势,紧抓京津冀产业分工需求与协同共赢目标,主动对接京津资源,进一步推进产业发展互补互促,打造新的经济增长极。

(2)把握生态文明建设背景下全域旅游带来的发展机遇。依托临城县丰富的生态、文旅资源,进一步发展休闲旅游业,打造太行山重要的全域旅游目的地。

(3)把握临宁高速、石邢邯城际铁路等重大区域基础设施建设的机遇。规划的临宁高速、石邢邯城际铁路等区域交通，将进一步强化临城与周边地区的联系，有效整合沿线旅游、矿产资源，推动区域协同发展，进一步融入中心城区的发展。

二、挑战

（一）社会经济环境挑战

与此同时，临城县正处于转型升级、爬坡过坎的关键阶段，面临着严峻挑战。全球经贸格局动荡，世界经济持续低迷，外部环境不确定性突出；双循环背景下，区域间要素竞争趋于白热化，临城吸引和集聚先进生产要素，打造区域经济核心竞争优势面临巨大挑战；经济总量偏小，创新能力不强，高质量发展后劲不足，缺少"大好高优"项目，环境保护任务艰巨，营商环境急须突围破局，人口老龄化、人才短缺困境日益尖锐。

1. 城市发展缓慢，区域形象不凸显

作为一个位于城市边缘的山区县，临城的发展较为缓慢，城市发展动力不足，导致城市经济总量不高，城市人口集聚规模小，城镇建设用地扩张缓慢，区域形象不凸显。城市经济总量不高，在邢台市各区县中排在中下水平。

2. 底线约束下，保护与发展存在矛盾

临城县背靠太行山脉，山水林田湖草资源本底较好，但缺乏具体绿色发展路径，未结合"绿色发展"国家战略提出的一系列相关举措，将生态本底资源充分利用并推进临城县绿色发展。目前，临城县又面临着城镇化加快推进及近期工业高速发展与生态环境保护之间的矛盾。未来如何平衡生态保护和城镇发展，将是临城发展的重点内容。

3. 工业底子薄，产业绿色转型动能不足

产业链不完善。临城县目前产业项目总体上处于产业链的中、低端环节，产业链短、集中度低。如溅射靶材和硅材料企业均只有一家，本地或附近没有相关配套企业，原材料和市场相对较远，不利于企业降低成本，也不利于做大产业规模。

4. 设施配套能级低，城区发展质量不高

公共空间不足，公共服务设施存在缺口。根据评估，临城县的公园绿地、广场步行 5 min 覆盖率 23.45%，存在较多覆盖空白区。目前社区卫生医疗设施步行 15 min 覆盖率(78.60%)、社区中小学步行 15 min 覆盖率(67.03%)、社区体育设施步行 15 min 覆盖率(85.87%)等公共服务设施指标，距离国家新型城镇化指标要求的 100% 覆盖还有差距。

（二）自然环境挑战

1. 气象风险

县城气象灾害防御布局不尽合理，气象灾害综合防御体系不够健全，国民经济重点行业和主要战略经济区的气象灾害易损性增大,气象灾害造成的损失日益加重;气象灾害防御方案和应急预案不够完善,气象灾害综合监测预警能力、预报精细化程度、预报准确率仍不能满足气象灾害防御需求;部门间信息共享不够充分,气象灾害风险区划缺乏,重点工程建设的气象灾害风险评估尚未全面开展,气候可行性论证在国土空间规划工作中的支撑仍显不足。

2. 生态安全风险

资源质量难以保障生态安全。全县森林质量的比较优势不强,且森林资源分布不平衡,不利于生态环境状况的持续改善。自然保护地(风景名胜区、地质公园、森林公园)品质还有待提升,缺少养护和安全监控体系;缺乏依托太行山资源统筹规划,档次和规模普遍偏小,无法形成集群优势,竞争力小。

土壤环境治理也面临较大压力。污灌问题和农药化肥不合理使用现象较普遍,导致土壤重金属累积问题逐渐突出,对区域土壤环境带来负面影响。

3. 水安全风险

水资源供需日益紧张。多年来临城县大量超采地下水,基本不考虑河湖生态用水来支撑经济社会发展,导致深层地下水位不断下降。根据省水利厅监测,临城县深层地下水降幅超过 3.07 m。随着地下水位降低和用水量的激增,水资源供需矛盾日益紧张。

三、正确应对机遇与挑战

综合判断,机遇与挑战并存,但机遇大于挑战。面对机遇与挑战,全县要准确把握进入新发展阶段、贯彻新发展理念、构建新发展格局、开启全面建设社会主义现代化国家新征程的丰富内涵和实践要求,坚持问题导向,增强危机意识,遵循发展规律,准确识变、科学应变、主动求变,努力在改革中释放制度新红利,在开放中激发改革新动力,在创新中打造发展新引擎,确保全面建设社会主义现代化开好局、起好步,不断开创高质量赶超发展新局面。要突出"保护与发展"相结合,进行资源盘整并促进全域统筹。明确城市拓展方向,加快城市基础设施建设,优化城市用地布局,完善城市功能,提升临城的城市品位和城市形象。发挥临城位于石家庄和邢台市区的中部区位优势,把握京津冀协同发展优势和北京非首都功能的外溢,强化交通联系,促进要素流动,推动建设石邢都市圈双向交流门户。同时,要实现治理能力现代化,建成京津冀生态休闲旅游目的地。塑造"山水洞天、清新临城"的区域形象,呈现"最美太行山水,宜居乐业临城"的城市景象,打造冀中南投资热土、宜居乐业临城。

第二章　生态现状与主要问题

第一节　自然地理和生态现状

一、自然地理

临城县位于河北省西南部。地理位置为东经 114°02′～114°38′,北纬 37°20′～37°36′。临城县东和东南与柏乡县、隆尧县相接,南和西南与内丘县相连,北和西北与石家庄市赞皇县、高邑县为邻,西与山西省昔阳县隔山相望。全县东西长 49.5 km,南北宽 26 km。全县国土总面积 79 700 hm²。县城南距邢台市 54 km,北距石家庄市 78 km(图 2-1)。

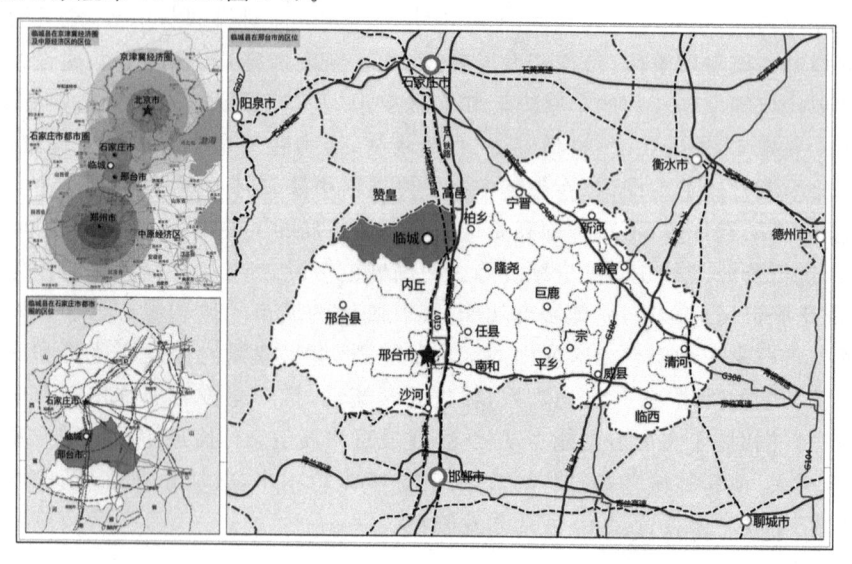

图 2-1　临城县区位图(来源:临城县国土空间总体规划 2021—2035 年)

二、自然条件

（一）气候

临城县属于暖温带亚湿润大陆性季风气候，四季分明。冬季受西伯利亚大陆性气团控制，寒冷少雪；春季受蒙古大陆性气团影响，偏北风或西北风盛行，降雨稀少，蒸发量大，往往形成干旱天气；夏季受海洋气团及太行山山地地形影响，降雨集中，影响降雨的海洋气团每年进退时间不一，往往形成干旱少雨或暴雨成灾；秋季多受高压控制，一般年份秋高气爽，降雨偏少。多年平均气温东部 12.7 ℃，中部 13.3 ℃，西部 12.0 ℃。最高月平均气温在 7 月份，东部 26.1 ℃，中部 26.4 ℃，西部 25.1 ℃。极端最高气温东部 41.8 ℃，中部 41.6 ℃，西部 40.0 ℃。极端最低月气温 1 月份为零下 23 ℃。

（二）地形地貌

临城县地处太行山东麓，地势西高东低，西部为中山区，海拔最高 1 510 m，中部为低山和丘陵，东部有小部分平原，海拔最低 38.30 m，全县中山区占 10.75%，低山区占 55.89%，丘陵区占 25.30%，平原区占 7.98%。境内中山地貌海拔高程在 1 000～1 510 m 之间，主要分布在县境的西部边沿。低山地貌分布较广，海拔高程在 500～1 000 m 之间，主要分布在县境的西部，由片麻岩、角闪片岩组成。低山区的东部为丘陵区，地面高程 60～200 m，除土丘、垄岗外大部分为可供农业利用的台地。县域东北部为平原，地势较平坦，地面高程 40～60 m（图 2-2）。

（三）地质构造

太行山东麓临城一带，广泛出露着前震旦系的片麻岩类以及震旦系、寒武系、中下奥陶系低层。上奥陶系至泥盆、志留系时期，因长期遭受侵蚀以致地层缺失。石灰系、二叠系及二叠三叠系的石千峰组普遍为第四纪沉积物所掩盖，很少裸露地表。侏罗系地层尚未发现，可能缺失，但相当于该时期有浅层的安山岩类侵入。白垩系地层在魏村、竹壁等地均有出露，在该地层中采集到大量的动物化石。第三系地层有零星出露，连同白垩系地层一起超覆于石千峰组及更老的地层之上。震旦系至第三系地层剖面，在竹壁一带出露最好，总厚度约 4 500 m，其他各地极不完整，仅下部古生界地层有出露。

（四）土壤

全县土壤分 3 个土类，8 个亚类，26 个土属，47 个土种。

棕壤分布于海拔 1 000 m 以上的中山，是在凉冷湿润的气候条件下形成的

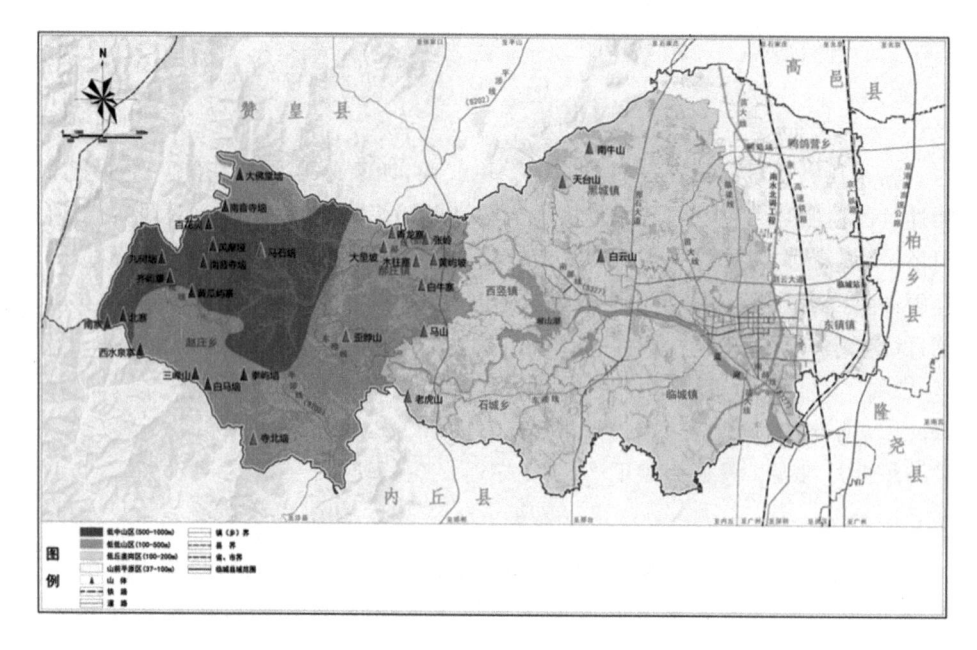

图 2-2　临城县地形地貌图(来源:临城县国土空间总体规划 2021—2035 年)

一种淋溶性土壤,面积 2 950 hm²,占全县总面积的 3.77%。

褐土是全县面积最大、最主要的土壤类型,分布较广,面积 71 900.28 hm²,占全县总面积的 91.89%,低山丘陵和东部平原绝大部分土壤是褐土。

草甸土分布在泜河两侧低阶地和局部洼地,总面积 3 399.53 hm²,占全县总面积的 4.34%。

(五)空气质量

根据统计,2020 年临城县空气 $PM_{2.5}$ 浓度为 65 $\mu g/m^3$,在全市排第 6 名;同比下降 25.29%,改善率在全市排第 3 名。

(六)矿产资源

本县矿产资源丰富,储量大。主要矿产资源 20 多种,矿点 92 处。有煤炭、铁、铜、石英石、蛭石、大理石、瓷土、云母、铝土矿、金刚砂等(图 2-3)。已探明全县煤储量 3.64 亿 t,铁矿 0.17 亿 t,铜矿 244 万 t,花岗岩 1 200 万 m³,铝土矿 43 万 t,石英石 1 000 万 t,蛭石 83 万 t,长石 10 万 t,优质河沙 1 亿 t。

(七)河流水系

临城县河流属于海河流域子牙河水系。县境内主要有泜河、午河和小槐河三条河流,主河流长 138.68 km,均属子牙河水系的滏阳河上游支流,多为时令

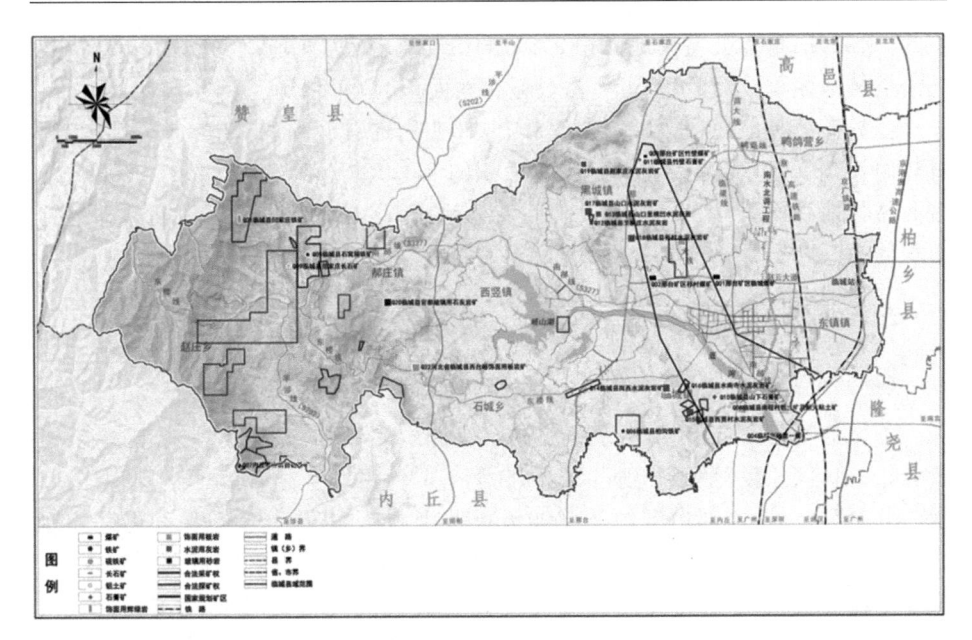

图 2-3　县域矿产资源分布图（来源：临城县国土空间总体规划 2021—2035 年）

河，平时基流很少或干涸。

泜河自西向东纵贯全县，在县境内主要河道总长 94.60 km，流域面积 50 620 hm²。泜河上游有三条支流：北支发源于临城县赵庄乡魏家庄，长 33.50 km，流域面积 19 000 hm²；南支发源于内丘县獐么乡，自临城县赵庄乡东山底村入临城县境内，河长 38.90 km，其中境内河长 30.50 km，南支流域面积 19 400 hm²，其中县内流域面积 13 200 hm²；第三支流发源于内丘县南赛乡，自临城县魏家辉村入临城县境内，河长 15 km，其中境内河长 9 km，流域面积 4 600 hm²，其中县内流域面积 2 550 hm²，流入乱木水库。三条支流于西竖镇西柏畅村东汇合，汇流后流经 17.50 km 至冯村出境流入隆尧县境内，泜河临城水库以下河段流域面积 15 870 hm²。

午河位于临城县东北部，发源于临城县黑城镇董家庄，经鸭鸽营乡东辛安村流入高邑县，在临城县境内长 30.25 km，流域面积 14 812 hm²。

小槐河发源于临城县乔家庄，于东镇出境流入柏乡县汇入午河，在临城县境内长 13.80 km，流域面积 7 800 hm²。

（八）林业

全县公益林地面积为 18 536.50 hm²，占林业用地总面积的 70.12%。其中，重点公益林地面积 5 677.10 hm²，占林业用地总面积的 21.48%，占公益林地面积的30.63%;地方公益林地面积9 285.60 hm²,占公益林地面积的50.09%;其他公益林地面积3 573.80 hm²,占公益林地面积的19.28%。

全县商品林地面积7 897.70 hm²,占林业用地总面积的29.88%。其中,用材林面积680.20 hm²,占商品林地总面积的8.61%;经济林面积2 410.40 hm²,占商品林地总面积的30.52%;其他商品林地面积4 807.10 hm²,占商品林地总面积的60.87%。

三、生态现状

(一)生态本底优良

临城县背靠太行山脉,山水林田湖草资源本底较好,地势西高东低,呈阶梯状分布,山区、丘陵、平原分别占35%、50%、15%,平均海拔773 m,素有"七山二水一分田"之称。西部山区约25 000 hm²范围内植被茂密,生态保存完好。临城县共有山峰30多座,其中千米以上山峰14座;临城水系发达,泜河横跨东西,贯穿全境,坐拥一水八河:南水北调总干渠、泜河、泜河北支、泜河南支、塞里川、小槐河、午河、槐河、李阳河;林地覆盖率超过30%;耕地面积28 635.74 hm²,占比达36.60%;湖泊主要为临城水库、乱木水库等19座水库,临城水库、乱木水库如两颗璀璨明珠镶嵌在中部丘陵区,水域面积达1 000 hm²。

县域内现有5处自然保护地,占总国土面积的1/5,包括1处自然保护区、2处森林公园、1处风景名胜区和1处自然公园,总面积36 278.85 hm²,去重后面积22 038.54 hm²。受保护地区内拥有丰富的动植物资源,其中,小天池森林公园内有种子植物约72科500余种,蕨类植物13科40种,森林覆盖率达62%,有脊椎动物130种,其中两栖类2种,爬行类13种,鸟类115种,列入国家重点保护的有13种,有国家、省级保护动物,如金钱豹、乌鸡、金雕、狍子、獾、狐狸、狼、野兔、野猪等70多种;全县累计治理水土流失面积26 500 hm²,退化土地恢复率达到79.8%,良好的生态环境本底为全县的生态环境建设奠定了基础(表2-1、表2-2、图2-4)。

表2-1 生态本底资源一览表

地类	面积/hm²	占比/%
耕地	28 635.74	36.60
林地	25 964.22	33.18
陆地水域	2 278.50	2.91

第二章　生态现状与主要问题

表 2-2　自然保护地一览表

类别	名称	级别	面积/hm²
自然保护区	河北三峰山省级自然保护区	省级	5 464.84
森林公园	河北蝎子沟国家森林公园	国家级	4 634.15
森林公园	临城县天台山省级森林公园	省级	258.60
风景名胜区	崆山白云洞风景名胜区	国家级	20 472.94
自然公园	河北临城国家地质公园	国家级	5 448.32
总计			36 278.85
去重面积			22 038.54

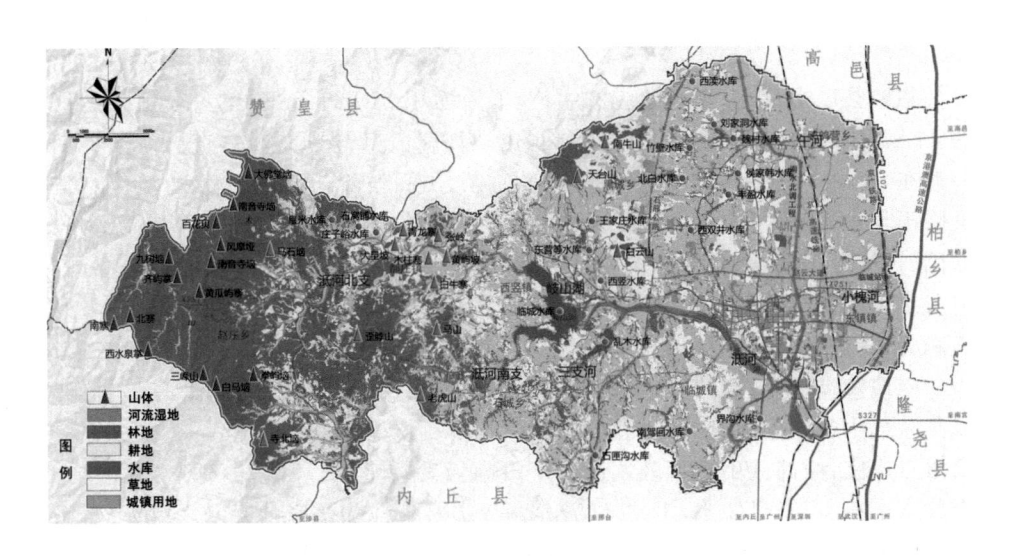

图 2-4　现状生态本底资源分布图(来源:临城县国土空间总体规划 2021—2035 年)

（二）矿产、旅游资源丰富

临城县矿产资源丰富,分布广泛,优势矿产明显。已探明储量矿产种类有 20 余种。旅游资源丰富,包含了人文与自然旅游资源,且旅游资源组合优良,旅游资源比较优势突出,文化与自然交融、山体与植被结合、断崖与峡谷共存、青山与绿水辉映、观光与度假等资源相互依存,优势互补,能适应现代不断变换的旅游市场需要。独特的旅游资源为临城旅游业的蓬勃发展奠定了良好的基础,也为临城优化产业结构、培育新的增长极提供了前提条件。

(三) 水资源、土地资源丰富

临城县水资源比较丰富，全县水资源可利用量为 5 962 万 m^3，现状用水量为 4 178.58 万 m^3，能满足目前用水需求。南水北调引水工程实施后，可以缓解平原区工业和生活用水，能满足生产条件和生活需要。土地资源中未利用地面积较大，占全县总面积的 39.66%，其开发利用的潜力较大。

第二节　存在的主要问题和风险

一、生态空间

(一) 生态环境敏感脆弱

临城县以山地、丘陵为地貌的主体，平原面积 11 800 hm^2，仅占全县总面积的 14.80%。山区重峦叠嶂，河谷深切，山地坡度大(16°~25°及以上)，海拔高度一般在 500~1 500 m 及以上，地质条件复杂，山高坡陡，容易造成水土流失。全县降雨集中，仅 6—9 月就占全年降水量的 70%。由于地区气候、自然、历史的原因，再加上山高坡陡、地形破碎、沟壑纵横的地形地貌，降水集中的气候特点，造成水土流失现象的存在，并且有进一步恶化的趋势。截至 2020 年，水土流失面积为 33 220 hm^2，累计治理面积为 26 500 hm^2，水土流失面积还有 6 800 hm^2。

受地貌类型、地形高度、土壤、水文、植被等自然因素和人为因素的影响，临城县东部山麓平原区土地开发强度大，垦殖率高，土壤肥沃，适宜农耕，已成为粮棉重点产区；中部低山丘陵区农业生产限制因素较多，土层薄，沙砾多，林地少，存在水土流失，干旱缺水，生态环境脆弱，发展林业成为该区的开发之根本；西部山区林地比重大，耕地比重小，其他土地比重高，土地受垂直地带影响显著(图 2-5、图 2-6、图 2-7)。

(二) 气象风险

气象灾害防御布局不尽合理，全社会气象灾害综合防御体系不够健全，国民经济重点行业和主要战略经济区的气象灾害易损性增大，气象灾害造成的损失日益加重；气象灾害防御方案和应急预案不够完善，气象灾害综合监测预警能力、预报精细化程度、预报准确率仍不能满足气象灾害防御需求；部门间信息共享不够充分，气象灾害风险区划缺乏，重点工程建设的气象灾害风险评估尚未全面开展，气候可行性论证在国土空间规划工作中的支撑仍显不足。

(三) 生态安全风险

资源质量难以保障生态安全。全县森林质量的比较优势不强，且森林资源

图 2-5　生态环境敏感脆弱

图 2-6　南水北调渠植被稀少

图 2-7　南水北调水体生态环境敏感脆弱

分布不平衡，不利于生态环境状况的持续改善。临城县林业资源丰富，但分布极为不均，主要分布在西部山区，包括赵庄乡、郝庄镇和北池山林场，该区森林覆盖率达到 80.20%；其次是中部丘陵区，包括石城乡、西竖镇、黑城镇、临城镇的城关片和岗西片，鸭鸽营乡的梁村片，该区的森林覆盖率 26.90%；分布最少的是山前平原区，包括东镇镇、鸭鸽营乡的鸭鸽营片和临城镇的贾村片，林地占该区土地总面积的 6.30%。

现有林地与林地保护目标总量存在差距，空间分布存在差异。根据"三调"成果，临城县现有林地面积为 25 964.22 hm²，与林地保有量 26 957.73 hm² 存在差距。空间布局存在差异，林地规划主要呈斑块状分布，现有林地呈零散状分布。

林地与建设用地、耕地存在冲突问题。存在林地和土地利用总体规划建设用地、现有建设用地、耕地的冲突问题，占用面积约 1 495 hm²。

自然保护地（风景名胜区、地质公园、森林公园）品质还有待提升，缺少养护和安全监控体系；缺乏依托太行山资源统筹规划，档次和规模普遍偏小，无法形成集群优势，竞争力不足。

土壤环境治理也面临较大压力。污灌问题和农药化肥不合理使用现象较普遍，导致土壤重金属累积性问题逐渐突出，对区域土壤环境带来负面影响（图 2-8）。

图 2-8 用地冲突

（四）地质安全风险

临城县在河北省属于地质灾害多发区。灾害类型主要有：滑坡崩塌、不稳定斜坡、泥石流、地面塌陷、地裂缝等。地质灾害发育区主要分布在西部山区、中部丘陵黄土区及人类活动较频繁的东部采煤区。

临城县境内断裂共有三条，第一条是太行山山前断裂带西侧的柏乡断裂（24号断裂），该断裂为北东向断裂，为一般活动断裂。第二条是临城东断裂，该断裂为北西西向断裂，西起临城县城东南，直达隆尧县境内，与北东向太行山山前断裂相交汇。1966年3月8日隆尧M6.8级强震就发生在交汇点附近。该断裂为新生代活动断裂。第三条是石家庄元氏临城断裂带，主要位于临城县西侧，存在地震风险。

另外，县域西部、中部山区崩塌、滑坡、泥石流地质灾害多发，存在地质安全风险（图2-9）。

（五）矿山开采生态风险

临城县境内矿产资源丰富，全县已发现各类矿产27种，列入《河北省矿产资源储量表》的矿产12种，为煤炭、铁矿、铝土矿、耐火黏土、铁矿、长石、石膏、水泥用灰岩、玻璃用砂岩、水泥配料用砂岩、饰面用辉绿岩、饰面用板岩。

图 2-9 地质安全风险

目前临城已探明资源储量的 25 处固体矿产地中,其中能源矿产煤 4 处、金属矿产 3 处、非金属矿产 18 处。按勘查程度划分,达到勘探程度的 5 处,详查程度的 9 处,普查程度的 11 处。煤炭、铝土矿、耐火黏土、铁矿、水泥用灰岩等矿种,勘查程度相对较高。累计查明煤炭资源储量 3.64 亿 t,水泥用灰岩 8.43 亿 t,铁矿 0.17 亿 t,饰面用板岩矿 0.31 亿 t(表 2-3)。

表 2-3 临城县矿区(床)资源储量基本情况表

矿区名称	矿产名称	矿区(床)规模	资源储量单位	储量	基础储量	资源量	查明资源量
邢台矿区临城煤矿	煤炭	大型	千 t	16 523	19 675	148 401	177 351
邢台矿区祁村煤矿	煤炭	大型	千 t	12 264	18 995	120 148	142 025
邢台矿区竹壁煤矿	煤炭	小型	千 t	260	297	29 196	37 947
临城兴融第一煤矿	煤炭	小型	千 t	3 695	4 926	1 355	6 419
临城县石窝铺铁矿	铁矿	小型	矿石千 t	758	1 177	87	3 988
临城县柏沟铁矿	铁矿	小型	矿石千 t			543	543
内丘县杏树台硫铁矿	铁矿/硫铁矿(矿石)	中型/中型	矿石千 t/矿石千 t	641/—	865/—	1 256/87	12 678/87

表2-3(续)

矿区名称	矿产名称	矿区(床)规模	资源储量单位	储量	基础储量	资源量	查明资源量
临城县南程村铝土矿及耐火黏土矿	铝土矿/耐火黏土	小型/小型	矿石千t/矿石千t	—/123	—/300		106/363
临城县范家庄长石矿	长石	小型	矿物/矿石千t	55	61	121	307
临城县山下石膏矿	石膏	中型	矿石千t	7 172	19 737	1 676	30 057
临城县竹壁石膏矿	石膏	小型	矿石千t			1 139	1 139
临城县王家庄水泥灰岩矿	水泥用灰岩	小型	矿石千t	2 721	4 859		8 843
临城县山口里桃凹水泥灰岩矿	水泥用灰岩	暂无指标	矿石千t			19 830	19 830
临城县岗西水泥灰岩矿	水泥用灰岩	暂无指标	矿石千t			366 830	366 830
临城县西贾村水泥灰岩矿	水泥用灰岩	大型	矿石千t	26 953	32 426	56 619	103 482
临城县水南寺水泥灰岩矿	水泥用灰岩	中型	矿石千t	40 844	43 149	17 740	62 385
临城县山口水泥灰岩矿	水泥用灰岩	大型	矿石千t	32 870	34 600	87 140	121 740
临城县祁村水泥灰岩矿	水泥用灰岩	大型	矿石千t	32 560	34 290	97 480	131 770
临城县赵家庄水泥灰岩矿	水泥用灰岩	中型	矿石千t	9 990	10 520	17 190	27 710
临城县官都-青羊头一带玻璃用石英岩矿	玻璃用砂岩/水泥配料用砂岩	大型/大型	矿石千t/矿石千t			10 150/737	10 150/737
临城县阎家庄铁矿	饰面用辉绿岩	大型	矿石千m³			15 770	15 770
河北省临城县西台峪饰面用板岩矿	饰面用板岩	大型	矿石千m³			30 596	30 596

近年来,临城县矿产资源得到进一步的开发利用,对当地经济发展促进作用明显,但同时也存在一定问题:矿产资源的开发缺乏统一规划,矿业发展带有自发性和盲目性,资源利用方式粗放,矿山数量多、规模小、采矿选矿技术落后、布局分散,地质破坏和生态环境污染等问题严重。东部黑城镇、临城镇、鸭鸽营乡、东镇镇因地下水超采及采矿活动造成大面积采空区,地质灾害易发,应加强对地裂缝、地面塌陷等地质灾害治理。

总体上看,临城县矿山地质环境恢复和综合治理仍不适应新形势要求,粗放开发方式对矿山地质环境造成的影响仍然严重,地面塌陷、土地损毁、植被和地形地貌景观破坏等一系列问题依然突出。矿山开采引起植被破坏、环境污染等破坏现象,矿山恢复情况不甚理想,导致部分地区植被稀少,水土流失严重,水源涵养能力有待加强(图2-10~图2-13)。

图 2-10 矿山土地损毁、环境污染

规范矿产资源开发秩序,严禁乱采滥挖、采厚弃薄、采易弃难等浪费矿产资源的采选方式,关闭浪费资源的小铁矿、小煤矿、石英矿、耐火黏土矿等。整合矿区资源,促进经营方式向规模化、集约化发展,提高资源利用率。

二、农业空间

(一)农田问题

县域范围内存在基本农田被其他农用地、建设用地侵占问题,目前城乡建设

第二章 生态现状与主要问题

图 2-11 矿山土地植被破坏

图 2-12 矿山土地植被稀少

图 2-13 地形地貌景观破坏

用地规模超过土地利用规划下达的指标,且空间布局与土地利用规划差异较大;土地利用破碎,集约利用不足(图 2-14)。

图 2-14 土地利用破碎

（二）农业面源污染

临城县农业面源污染主要来源于农作物秸秆、畜禽粪便等农业废弃物和化肥、农药、农膜等农用投入品。

农用塑料薄膜中部分地膜残存于农田土壤中，造成耕地理化性状恶化，通透性差，分解产生有毒物质污染土壤。

规模化畜禽养殖场粪便综合利用率达到90%，处理方式主要是用于积肥或生产沼气。产生污染的主要是农村少部分散养畜禽粪便散失，粪肥露天堆放，雨水冲淋，排入河道或流入没有安全护栏的饮水设施中，导致饮用水污染。

全县产生的秸秆通过生产沼气、秸秆发酵、秸秆青贮、粉碎撒播、过腹还田等利用方式，使得秸秆综合利用率达到90%。有很少一部分秸秆造成污染，主要是长期弃放在田间或推入河沟，日晒雨淋、沤泡引起腐烂，产生污水污染水体。

农业水利工程设施有待进一步加强，化肥、农药等面源污染问题亟待治理；由于工农业生产发展较快，对水资源开发强度较大，造成局部地区地下水超采，地下水位下降，形成地下水漏斗；城镇基础设施配套不完善，排水不畅，环卫滞后（图2-15、图2-16）。

图 2-15　废弃物污染

图 2-16　土地退化

（三）水土流失问题

根据全国第二次水土流失遥感调查结果，临城县水土流失情况严重。临城县山区面积较大，山场面积 50 666.67 hm²，人均 0.26 hm²。中低山区面积 8 555 hm²，该区山峦起伏，沟谷纵横，坡面森林较多，灌木杂草茂密，植被较好。低山丘陵区面积 64 663 hm²，该区地形起伏，形态复杂，西部林草铺盖较好，中部荒岗秃岭，岩石裸露，寸草难生，水土流失较严重，东部除有冲刷沟外，大部为农业利用的台地。全县土壤类型除 3 833.33 hm² 砾质河滩，以及 2 909.67 hm² 分布在西部千米以上山区的棕壤土外，大部为褐土，面积 69 560 hm²，占总面积的87.40%。河岸低洼地带及山谷为草甸土，质地大部是轻壤和沙壤，面积为 2 933.33 hm²（图 2-17）。

水土流失的成因主要有四点：

（1）暴雨：临城县境内降水季节分布不均，主要集中于夏季。暴雨来势猛、强度大，洪流刷剥坡面，切割沟谷，冲毁粮田，侵吞植被，造成大量水土流失。

（2）土质：全县大部分荒山覆土较薄，且结构松散，抗冲抗侵蚀力差。

（3）地面坡度大：全县 15°～25°坡面面积 12 766.67 hm²，25°以上坡面面积 1 913.33 hm²。自西向东相对高差 1 400 m。

（4）人类不合理的经济活动：矿产品开采、乱砍滥伐树木、过度放牧等破坏

图 2-17 水土流失

水土保持活动。

(四)水资源污染及开采过度问题

临城县地处丘陵山区,十年九旱,山区群众历来饮水困难。1979 年前全县农村以辘轳提用浅层水和引用山泉为主。20 世纪 80 年代开始,由于干旱和用水量大幅增加,河道断流,地下水水位下降迅速,致使人畜饮水困难村逐渐增多。进入 21 世纪,随着农村经济的发展,临城县农村养殖业发展迅速,养殖产生的粪便乱堆乱放严重污染水源,加上化肥、农药的普遍使用和工业废弃水的排放等因素,导致临城县一些村水污染严重,并呈逐年加剧趋势,严重影响农村群众的身体健康。近年来,临城县加大资金投入力度,开始实施农村饮水安全工程,以解决多个村庄的吃水难问题。

临城用水主要依托地下水,多年持续干旱和工农业生产用水量的大幅度增加,使地下水位下降迅速,造成了"越用越少、越打越深"的恶性循环,鸭鸽营一带已形成地下漏斗区。

(五)农业用水结构不合理

用水结构不合理,农业用水仍然是用水大户。用水结构主要表现在产业结构与水资源承载能力不匹配和外调水利用不充分。全县年总需水量为 4 720 万 m^3,

其中农业用水 3 210 万 m³,占比 68.01%,农业用水仍然是用水大户,开展农业节水潜力较大。

（六）土地利用结构不尽合理且开发利用率低

临城县土地利用结构未能体现各类用地之间的相互协调,主要表现在城乡建设用地布局不尽合理,农村居民点建设用地面积大、分布广、效率低,临城县人均农村居民点用地面积高于《村镇规划标准》中规定的人均最高限,在河北省乃至全国都处于较高水平,土地利用方式粗放,土地利用集约度亟待提高。临城县土地利用率仅为 71.38%,与邢台市其他县(市)相比较低,其他土地资源丰富,但其中的大部分都是裸地(裸岩及石砾地),可供开发的荒草地又受生态保护和地理位置等因素制约,开发成本高(图 2-18)。

图 2-18　土地利用结构不尽合理且开发利用率低

三、城镇空间

（一）底线约束下,保护与发展存在矛盾

临城县背靠太行山脉,山水林田湖草资源本底较好,但缺乏具体绿色发展路径,未结合"绿色发展"国家战略提出的一系列相关举措,将原本生态本底资源充分利用并推进临城县绿色发展。面临着城镇化加快推进及近期工业高速发展与生态环境保护之间的矛盾。

第二章 生态现状与主要问题

一方面,全县自然生态人文旅游资源丰富,但部分位于生态保护红线内,规划的旅游项目受限于生态保护,难以开发。另一方面,由于生态环保的要求,临城县近年来陆续关停了多个工矿企业,影响了经济的发展,目前经济仍在稳步复苏中。未来如何平衡生态保护和城镇发展,将是临城发展的重点内容(图 2-19)。

图 2-19 保护与发展存在矛盾

(二)生态底数总量控制较好,但开发与保护存在冲突

临城县现有耕地规模为 28 635.74 hm^2,多于市下发的 20 197 hm^2 耕地保有量目标;根据土地利用规划调整完善(2017 年)确定的永久基本农田现有面积为 15 662.66 hm^2,多于市下发的 15 637.67 hm^2 目标,严格落实耕地、基本农田保护目标。

安全维度整体实现程度一般,永久基本农田、耕地保有量等农业安全实施情况较好,水安全、防灾减灾等方面管控目标基本实现。但城乡建设用地规模超出目标值,目前城乡建设用地规模超过土地利用规划指标,且空间布局与"土规"差异较大,土地利用不够集约。

根据"三调"成果,"三调"建设用地超出土地利用规划指标 701.91 hm^2;在空间上与土地利用规划城乡建设用地不符的约 4 040.94 hm^2。现状人均农村居民点建设用地 532.51 m^2,人均农村宅基地 371 m^2,远高于河北省人均村庄建设用地 150 m^2 的标准,用地低效粗放。

(三)处于地质灾害高风险区,城市安全有待保障

临城县共有地质灾害隐患点 152 处,种类以滑坡、崩塌为主,其中滑坡 83 处、崩塌 31 处、泥石流 21 处、地面塌陷 11 处、地裂缝 6 处,威胁 1 619 户、7 133 间房屋、5 728 人。

临城县地质灾害具有点多、面广、突发性强、危害性大的特点。在地域上,滑坡、泥石流分布在赵庄乡、西竖镇、石城乡和郝庄镇的西部地区;崩塌多分布在山区公路沿线及人为活动形成的高陡边坡;地面塌陷主要分布在临城煤田一带;在发生时间上,崩塌、滑坡、泥石流主要集中在汛期。

中心城区人民大街以西区域,位于澄底—岗头—胶泥沟—竹壁一带煤矿的地面塌陷重点防治区内,是地质灾害的高风险区,在开发建设时需要重点关注,在建设工程施工前,应进行场地地质灾害危险性评估和地质环境的安全性评价工作。

临城县境内,自有文字记载以来没有发生超过 6.0 级的地震。

(四)生态保护压力及周边区县竞争压力

生态环境保护的压力。临城县作为太行山支点,生态环境保护需满足上位要求,保证生态环境可持续发展。现状建设与生态底线管控存在冲突,生态底线划定与城镇开发边界协调难度大。

面临周边区县同质化的竞争。太行山沿线区县,资源禀赋、产业发展同质化,临城须找准自身特点,在同质化竞争中提升自身竞争力,吸引游客前往。

(五)洪涝风险

临城县是洪水多发地区,历史上曾遭受多次洪水灾害。中华人民共和国成立以来发生的典型大洪水年份包括 1956 年、1963 年、1996 年、2000 年、2016 年等。洪涝对临城的影响较大,主要是由于临城现状河流缺乏系统治理,河道管理不到位。在防洪保安方面临城山区河道堤防不健全,部分河道被盲目开发建设,私挖滥采、私搭乱建以及垃圾堆放行为屡禁不止。众多山洪沟尚未治理,水库治理和保护也需要加强和完善,一旦发生大洪水,部分河段有发生重灾的可能。

(六)水资源问题

人均水资源量较低,水资源总量在全市处于一般水平。临城县多年平均淡水资源总量 18 185 万 m³(矿化度小于 1 g/L),其中地下水 11 220 万 m³,地表水 6 965 万 m³,人均水资源量仅为 858.19 m³,在全市水资源评价中处于一般水平。

地下水供水量高,超采较为严重。现状水源包括地表水、地下水、外调水和其他水源。多年来,临城县依赖大量超采地下水和基本不考虑河湖生态用水来

支撑经济社会发展。年供水量 4 720 万 m^3,以地下水和地表水为主,其中地下水占 48.73%,地表水占 46.82%。水资源存在的主要问题表现为:

(1) 水资源总量不足、需要补充后备水源。临城整体水资源不足,随着城市规模的扩大,用水量需求将会增长,必须补充后备水源。

(2) 现有水源单一且供水能力较低。临城用水主要依托地下水,目前只有一处水源地,且供水能力低,使得县域较多地区都采用自备水源,但不能保证生活用水的水质、水量和水压。同时大量的自备井造成了电力能源、设备资金、运行管理费用等的巨大浪费。

(3) 水资源环境质量不佳、存在安全隐患。随着临城经济社会发展和人口增长,工业、生活排水量的不断增加,加之化肥、农药在农业生产中的大量使用,尤其是山区矿石开采和养殖业的迅速发展,给水资源造成了越来越严峻的安全隐患,水污染事件发生的数量逐年上升(图 2-20)。

图 2-20 水资源总量不足且存在安全隐患

第三章　总体要求与规划目标

深入贯彻习近平生态文明思想，坚持绿水青山就是金山银山，坚持节约资源和保护环境，坚持人与自然和谐共生，遵循国土空间生态系统演替规律和内在机理，摸准症结、瞄准方向、突出特色，打造国土空间生态修复先行区，建设人与自然和谐共生的美丽临城。

第一节　指导思想

深入贯彻党的十九届六中全会和两会精神，深入贯彻习近平新时代中国特色社会主义思想，深入贯彻习近平总书记系列重要讲话精神和治国理政新理念、新思想、新战略。党的十八大以来，以习近平同志为核心的党中央把生态文明建设摆在全局工作的突出位置，全面加强生态文明建设，一体治理山水林田湖沙，开展了一系列根本性、开创性、长远性工作，决心之大、力度之大、成效之大前所未有，生态文明建设从认识到实践都发生了历史性、转折性、全局性的变化。习近平总书记强调要坚定不移走以生态优先、绿色发展为导向的高质量发展新路子，切实履行维护国家生态安全、能源安全、粮食安全、产业安全的重大政治责任。

2021年全国两会期间习近平总书记指出："把生态保护放在首位，体现了生态保护的政治自觉。要优化国土空间开发保护格局，严格落实主体功能区布局，加快完善生态文明制度体系，正确处理发展生态旅游和保护生态环境的关系，坚决整治生态领域突出问题。"

按照党中央、国务院决策部署，坚持最严格的耕地保护制度和最严格的节约用地制度，实施藏粮于地和节约优先战略，以提升粮食产能为目标，大力推进农用地整理和高标准农田建设，夯实农业现代化基础，推进国家现代农业化建设；坚持分类引导，推动各地向心发展、错位发展，大力发展充满活力的城市群经济，构建区域协调发展新格局，以促进城乡统筹发展为导向，大力推进城乡散乱、闲置、低效建设用地整理,推动美丽宜居乡村建设和新型城镇化发展;以"山水林田湖是一个生命共同体"生态系统保护理念为指引,以保障国家生态安全屏障为目标,以改善区域生态环境为核心,统一规划、统一实施,对山上山下、地上地下、陆地及流域上下游进行整体保护、系统修复,坚持以自然恢复为主,人工修复为辅,多措并举、综合治理;推进国土综合整治工程,实现格局优化、系统稳定、功能提升,努力打造山青、水秀、林美、田良、湖净的美丽中国,为全面推进生态文明建设,实现"两个一百年"伟大目标提供有力支撑。

第二节　基本原则

围绕党的十九届五中全会关于生态文明建设到2035年、"十四五"时期的新目标,立足落实国家重大战略部署和相关规划任务安排,从实际情况出发,结合县域生态修复需求,以山水林田湖草沙一体化保护修复为主线促进安全、优质、美丽国土构建,分别提出到2025年、2030年、2035年分阶段国土空间生态修复目标。综合考虑生态系统的完整性和连通性,结合社会经济发展趋势,依据相关标准,衔接相关规划,在区域生态功能定位、生态现状和生态问题判识基础上,坚持上下衔接、左右协同、精准定位、落实传导的原则,合理设定生态修复指标体系,科学提出约束性和预期性指标。

生态系统服务是指人类从生态系统中获得的利益。生态系统服务重要性评价是分析生态系统服务的区域分异规律,明确各种生态系统服务的重要领域。区域相关性是评价生态系统服务重要性的主要原则。生态系统服务功能重要性评价结果将为科学管理生态系统、确定重点生态保护区、制定生态保护和建设政策提供直接依据,也是生态功能区划的重要依据。

区域生态系统服务功能重要性评价是根据区域典型生态系统类型及空间分布特征,评价不同区域生态系统提供各种生态服务功能的能力及对区域社会经济发展的作用和重要性,阐明各生态服务功能重要性的空间分布特征和各生态服务功能重要性的总体区域分异规律,从而为生态功能区的划分提供依据。

土地生态系统服务功能重要性评价内容包括生物多样性维护与保护、水源涵养、洪水调蓄、水土保持、荒漠化防治、养分保持、自然和人文景观保护、生态系统产品提供及其他服务功能重要性评价。海岸带生态系统服务功能重要性评价内容包括生物多样性维护和保护、海岸带保护、自然和文化景观保护、提供海港和运输通道、提供生态系统产品和其他服务功能。不同区域应根据区域生态系统的特点，选择相应的生态服务功能进行重要性评价。主要遵循以下基本原则。

一、尊重自然，顺应规律

树立尊重自然、顺应自然、保护自然的理念，遵循自然生态系统演替规律，充分认识生态本底和生态过程对国土空间开发利用的约束和控制作用。正确处理人与自然的关系，尊重临城经济社会规律与城乡发展规律，形成人与自然和谐发展的现代化新格局。

二、系统修复，综合治理

着眼于优化生态安全屏障体系，聚焦重点生态功能区、生态保护红线、自然保护地等重点区域，坚持山水林田湖草是生命共同体的理念，充分认识生态系统的系统性、完整性，统筹实施生态修复工程，同步推动山上山下、地上地下、岸上岸下、流域上下游、河口海岸等山水林田湖海草一体化保护和修复，全面增进生态系统服务功能。

三、保护优先，自然恢复

坚持节约优先、保护优先、自然恢复为主，像保护眼睛一样保护自然生态，遵循自然生态系统演替规律，充分发挥自然的自我修复能力，避免人类对生态系统的过多干预。根据生态系统退化、受损程度与恢复力水平，合理选择自然恢复、人工修复、辅助再生和生态重塑措施，恢复生态系统结构和功能。

四、问题导向，突出重点

突出临城生态特点和功能定位，针对生态突出问题，立足长远、科学规划、因地制宜、因害设防，科学合理设计整治修复项目，促进区域生态环境健康发展。

五、分区分类，精准施策

按照不同区域生态功能定位与生态修复需求，因地制宜、实事求是，以水而定、量水而行，宜保则保、宜耕则耕、宜林则林、宜草则草、宜湿则湿、宜建则建、宜荒则荒，分区分类科学配置保护和修复、自然和人工、生物和工程等措施。

六、以人为本,打造品质

坚持以人为本,着眼于人与自然和谐相处,将生态修复与区域协调发展等国家战略相结合,处理好生态修复与百姓长远生计的关系,创新理念与技术,完善国土空间生态高质量发展格局,打造国土空间生态修复中国样板。

七、创新机制,共建共治

结合临城实际,深化国土空间生态修复重点领域和关键环节改革创新,构建责权明确、协同推进、务实有效的管理格局。拓宽投融资渠道,创新多元化投入和建管模式,完善生态保护补偿机制,提高全民生态保护意识,推进形成政府主导、多元主体参与的生态保护和修复长效机制,实现共商共建共治共享。

第三节 规 划 目 标

坚持摸准症结、瞄准方向、突出特色,以山水林田湖草一体化保护修复为主线,根据《全国重要生态系统保护和修复重大工程总体规划(2021—2035年)》《临城县国土空间总体规划(2021—2035年)》等的目标任务,全面构建"安全、健康、美丽、和谐"的高品质国土。规划期内力争:到2025年,重点生态修复工程有序推进,重大生态问题得到有效遏制,生态系统治理体系逐步健全,守住自然生态安全边界;到2030年,生态安全格局得到巩固,生态系统服务功能持续提升,生态产品供给能力显著增强;到2035年,生态环境根本好转,生态系统保持稳定和生态功能大幅提升,基本建成人与自然和谐共生的美丽临城。

一、国土空间生态安全格局基本形成

各级各类自然保护地、重要生态功能区、生态廊道与重要退化生态系统等关键生态空间和生态界面得到全面修复,生态安全屏障体系基本建成。国土空间结构得到调整与优化,空间冲突得到缓解,空间协调的国土空间格局基本形成。至2035年,生态保护红线面积不低于128.29 hm²、自然保护地面积不低于88.37 hm²、森林覆盖率不低于24.36%(表3-1)。

二、自然生态系统服务得到全面提升

水土流失、矿山毁损等重要生态环境问题得到有效治理,国土空间抵御自然

灾害能力明显提升。生态廊道建设取得积极进展，重要山体山脉、河湖流域、河口等自然单元连通度得以提升，自然生态系统实现良性循环。大气、水、土壤以及环境质量持续改善，生物多样性得到有效保护，森林、湿地、河湖等自然生态系统稳定性和生态服务功能得到进一步提升。至2035年，林地保有量为256.570 0 hm²（表3-1）。

表3-1 国土空间生态修复规划指标体系表

序号	类型	指标名称	单位	基期年	2035年	属性
1	生态质量类	耕地保有量	hm²	20 197	20 197	约束性
2		森林覆盖率	%	24.36	≥24.36	约束性
3		生物多样性保护（国省重点保护物种及特有物种有效保护率）	%	—	≥80	约束性
4		湿地面积	hm²	25	≥25	预期性
5		草原综合植被盖度	%	—	—	预期性
6		防风固沙量	t	—	完成上级下达指标	预期性
7		人均公园绿地面积	m²	5.8	13	预期性
8		水源涵养量	万 m²	472 000	513 000	预期性
9	生态修复类	自然恢复治理面积	hm²	—	12 829	预期性
10		全域土地综合整治面积	hm²	—	8 300	预期性
11		重要生态廊道修复或建设面积	hm²	—	—	预期性
12		水土流失治理面积	hm²	—	26 500	预期性
13		生态恢复岸线长度（海岸线、河湖岸线）	km	—	完成上级下达指标	预期性
14		地下水超采压减量	万 m²	—	1 700	预期性
15		营造和修复林地面积	hm²	—	完成上级下达指标	预期性
16		湿地修复治理面积	hm²	—	7	预期性
17		可治理沙化土地治理面积	hm²	—	完成上级下达指标	预期性
18		退化草原治理面积	hm²	—	—	预期性
19		水土保持率	%	—	≥58.32	预期性
20		历史遗留矿山综合治理面积	hm²	3 100	完成上级下达指标	约束性

三、农业农村与城镇空间更加生态宜居

生产建设活动新损毁土地全面复垦,历史遗留矿山修复和综合治理基本完成。农村全域土地综合整治试点深入开展,退化耕地得到治理,乡村国土空间格局得以优化。农村人居环境整治深入持久推进,乡村基础设施和公共服务短板加快补齐,生态宜居美丽新乡村建设取得积极进展。城市韧性和生态品质得以提升,有条件地区旧城镇、旧厂房、旧村庄得到有效整治。城乡特色风貌得以彰显,看得见山、望得见水、记得住乡愁。至2035年,永久基本农田保护面积不低于156.62 hm^2、城区人均公园绿地面积13 m^2(表3-1)。

四、人与自然和谐共生画卷初步绘就

国土空间生态修复与经济、社会、文化建设深入融合,生态系统服务功能与人类福祉得到协同增长,优质生态产品供给能力不断提升,生态产品价值持续彰显;经济社会发展全面绿色转型,生态补偿机制和市场化利益联结机制基本确立,人与自然和谐共生的美丽画卷基本绘就。

第四节 主 要 任 务

一、以协调布局为基础,构建国土空间生态修复总体格局

遵循自然生态系统内在机理与演替规律,统筹山水林田湖草沙自然资源全要素,实施差异化国土空间生态修复引导。建立本底适宜、空间协调的国土空间生态修复秩序,系统、分区、分类推进国土空间生态修复。

二、以系统连通为重点,营造和谐稳定生态系统关系

保护保育以自然保护地为主体的生态源地,修复生态网络断点,保护陆海生态系统生物多样性,整体打造"源廊成网、生境连通"的生态网络,强化生态空间底线管控与要素连通。修复植被、水陆与城乡生态界面,建设生态系统间多类型隔离缓冲带,增强系统稳定性。夯实生态安全格局,完善生态系统之间的连通性,提升区域生态系统稳定性,夯实国土空间自然生命支撑系统。落实国家生态保护要求,严格保护生态红线,建设生态安全屏障,加强生态环境管控,系统性提高生态系统质量。应大力开展农业农村空间国土空间修复,加强河道、生物迁徙等生态廊道建设,构建不同空间和生态系统内部的多尺度、多类型的生态廊道,

打造"源廊成网、生境连通"的绿色基础设施网络。加强生物多样性保护，加强统筹山水林田湖草沙治理，提高生态系统稳定性和功能，探索推进生态优先、绿色发展新路径。

三、以功能提升为导向，系统修复山水林田湖草沙陆域自然生态系统

科学推进国土绿化，加强森林资源保护修复，全面提升森林生态系统质量。实施退化草原治理与植被恢复，加强水土流失综合治理，加快推进防沙治沙，提升受损生态系统的整体质量和稳定性。强化河湖湿地水系连通性，提升重点水源区域水源涵养功能，积极治理地下水超采。坚持以水定绿、量水而行，以多样化乡土树种草种为主，合理配置林草灌植被，打造与区域本底特征相适应的多样化生态系统，着力提高生态系统自我修复能力、生态系统稳定性和生态产品供给能力。推进水土流失、防风固沙综合治理，以实现水生态环境改善、水源地保护水质达标、生物多样性保护与水土流失治理功能整体提升。

四、以生态宜居为目标，打造高质量发展城市生态系统

顺应城市自然山水格局，统筹城内城外生态网络建设。稳妥推进城镇建设用地整理，加强城镇低效用地再开发，做好工业遗迹保护和开发利用。加强城市公园绿地建设，建设健康循环城市水循环。保护修复城市历史文化特色，提升城市人居环境品质。在城市化发展区，完善蓝绿交织、亲近自然的生态网络，优化城市土地利用结构，加快各地市各类型矿山生态修复，提高土地集约节约程度，提高城市生态品质、人居环境和特色风貌。

五、以健康稳定为起点，建设安全高效田园生态系统

落实乡村振兴战略，实施乡村全域土地综合整治。保护乡村自然生态景观，开展乡村绿色生态建设，建设优质生态良田。推进村庄低效闲散用地整治，加强乡村美丽宜居环境建设，保护修复乡村特色文化景观。构建生产空间集约高效、生活空间宜居适度、生态空间山清水秀的乡村国土空间格局。充分考虑地理气候等自然条件、资源禀赋和生态区位等特点，宜田则田、宜草则草、宜湿则湿，有序推进不适宜区域用地结构调整优化，增强生态修复的科学性、系统性和长效性。实施重点生态功能区退耕还林，维护生态系统完整性，保障生态安全，提升生态功能。在农产品主产区，开展农村全域土地综合整治，整体推进农用地、建设用地整理和乡村生态保护修复，实施退化农用地生态修复，促进乡村国土空间格局优化，助力农业农村现代化和生态宜居乡村建设。

六、以矿地融合为指引,加快矿山生态修复

推动矿产开发与环境保护相协调,统筹矿山生态修复与矿区自然资源利益,强化矿山生产过程监管。优化矿区国土空间格局,推进历史遗留矿山损毁土地复垦与利用,积极推进重点区域矿山复绿行动,构建矿山生态修复新模式。

七、以市场机制为核心,建立规划实施保障制度体系

加强组织领导,构建系统推进国土空间生态修复的工作格局。完善规划体系,充分发挥规划对国土空间生态修复的管控与引导作用。健全规划实施管理制度,探索市场化运作模式,创新国土空间生态修复激励机制。构建资金多元投入机制,加强科技支撑,规划实施过程中鼓励公众参与。

第四章 国土空间生态修复格局

第一节 总体格局

一、构建"一屏四区三核四廊"的生态保护修复格局

构建"一屏四区三核四廊"的生态保护修复格局，打造西部太行山生态区、中部岐山湖生态区、城市公园生态区、东部农田生态区四大生态区，保护河北三峰山省级自然保护区、临城国家地质自然公园（两处核心）三大生态核心，构建以泜河廊道、小槐河廊道、午河廊道、南水北调干渠廊道为支撑的四大生态廊道体系，提升县域生态安全格局韧性，形成"山水融城"生态景观特色。加强太行山区域性山体屏障保护，推进生态公益林、水源涵养、水土保持等生态保育工作（图4-1）。

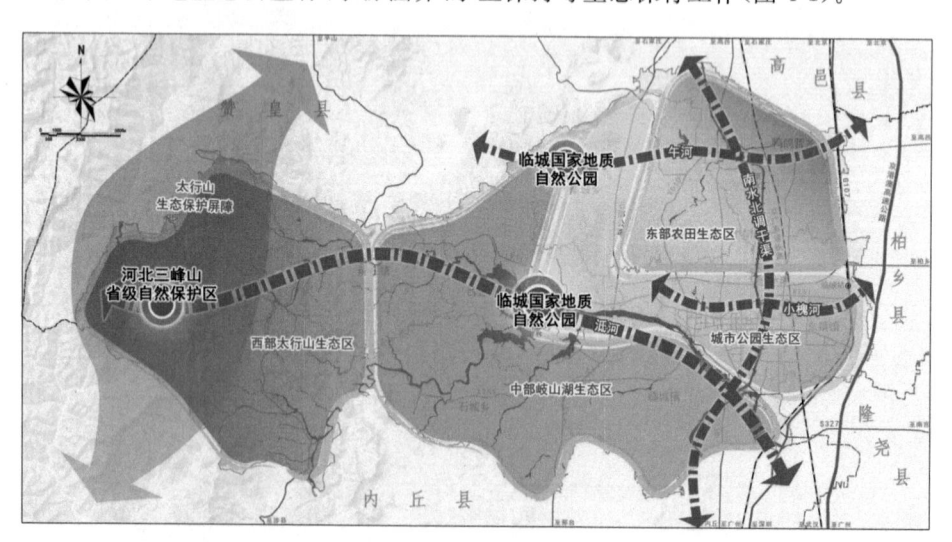

图4-1 临城县生态保护修复格局规划图［来源：《临城县国土空间总体规划（2021—2035年）》］

（一）一屏

一屏是指太行山生态保护屏障。太行山区属于石质山区,土层薄、缺水,立地条件差,由于历代人为因素、自然因素干扰、破坏,保护区内原始的森林生态环境已经荡然无存。中华人民共和国成立后,经过多年的保护、经营和管理,森林植被和生态环境得到了一定的恢复,天然次生林生态系统已经基本形成,但天然次生林森林生态系统种群落的结构相对简单,稳定性较差,对环境的敏感程度较高,人为生产活动使区域生态系统的结构极易发生变化,从而使生态系统长期处于脆弱和不稳定状态,一旦遭到破坏,将难以恢复。

保护区内一方面要采取适当的保护措施,保护好现有的资源,保护好野生动植物的生存环境及较完整的自然生态环境。另一方面,积极创造条件,进行植被恢复工程和生态修复,针对一些珍贵物种进行人工繁殖并放归、移植到自然环境中,以增加生物种群数量、保持生物种群的多样性。

（二）四区

（1）西部太行山生态区:强化管控和保护蝎子沟国家级森林公园、临城国家地质公园等重要生态空间,保护太行山中段的原始森林中的动植物资源,加强与赞皇县、内丘县对太行山脉的共同保护,保护区域自然生态系统的完整性。

（2）中部岐山湖生态区:注重岐山湖、乱木水库以及崆山白云洞的生态保护,加强自然环境保护,维护平原风貌,形成低密度发展的生态示范区。保护河湖水系的良好生态本底,打造国家级风景名胜区。

（3）城市公园生态区:保护及修复南水北调干渠、小槐河及泜河流域,构建连续生态岸线,提升沿线城镇生态环境品质和休闲功能,严格控制大型产业区对城镇和生态环境的影响。完善城市绿化网络,建设宜居宜业的公园城市。

（4）东部农田生态区:锚固生态基底,保护基本农田,加强午河、南水北调干渠水系整治,建设绿色农业基地,运用生态低碳技术,建设低碳宜居村镇,打造生态文明示范区。

（三）三核

（1）河北三峰山省级自然保护区:保护区位于临城县西部山区,属于太行山脉中段,地处太行山主岭东侧,是全县地势最高处,境内山峰险峻,海拔高度在 $500 \sim 1\,508.1$ m 之间,地形起伏较大。总体地貌为中、低山区,主要地貌类型有河流地貌、山地剥蚀地貌、变质岩峰林地貌等。属于以保护森林生态系统、生物多样性及珍稀濒危动植物物种为主的森林和野生动物类型的自然保护区。

保护区内要最大限度地保护区域森林生态系统、动植物资源和自然历史遗迹;保护生物群落多样性和生物物种遗传基因多样性;保证野生动植物资源的生存安全；探索合理利用自然资源的途径，促进生态系统的良性循环，使三峰山自然环境更加优美，生态环境更加稳定平衡，达到人与自然的和谐发展。

（2）临城国家地质自然公园（两处核心）：公园地处北温带半湿润大陆性气候区，春季干燥多风，夏季炎热多雨，秋季凉爽，冬季寒冷少雪，年平均降雨量在520～685 mm之间，无霜期197天。区内区域地势西高东低，中部发育有泜河，南北两侧为低山丘陵地形，总体反映为太行山东麓山地-丘陵地貌景观，自然生态环境受地貌与气候条件的约束，由西部的山地森林向东部的丘陵灌丛-草原环境过渡。园区西部小天池景区和北部天台山景区具有良好的森林生态环境，人为干扰较小；东部崆山白云洞景区多为灌草丛植被，自然生态环境较差。园区东部边界周边是以农业为主的区域，生态环境主要表现为在自然-人为干预的环境状况。

由上述现状可知，园区目前大气和水环境质量良好；土壤的理化特征除耕作土地以外，大多保持自然状态，小天池、天台山景区的水土理化特征基本可以代表其本底特征。目前园区及周边地带基本无噪声污染。

受气候与地貌因素控制，园区水土流失的现象比较普遍，其中白云洞景区最为严重。该景区地处东部丘陵地带，地表岩层为透水性较强的石灰岩，因此区内植被发育差，多为草丛、低灌分布区。在园区内对东部水土流失严重地带，按照国家退耕还林、退耕还草政策，实行坡地退耕还林还草。在东部丘陵地带，改变种植结构和家畜牧养方式，使生态环境得到改善，形成林、灌、草多种群落共存，水果、药材、木材合理配置的良好生态环境。

保护中草药资源，采取有节制地采摘和适当发展人工种植并举的方法保护野生中草药资源，改善其生态环境。依据国家颁布的森林法和野生动物保护法，保护景区的动植物资源，严禁猎捕野生动物，特别是对小天池景区内的国家级保护动物要严加保护。在园区内禁止放牧，植树绿化、封山育林。小天池和天台山景区，继续执行现有封山育林制度，治理退化的森林地段，发展经济林和果园生态林，使生态环境向良性方向发展。

（四）四廊

（1）泜河廊道：泜河，属子牙河水系，发源于内丘县山区，泜河在保护区境内长约20 km，其上游为峡谷，河床狭窄，只有数十米，到中游后逐渐开阔，达数百米。泜河是临城水库的主要水源。历史上泜河水流丰沛，20世纪50年代泜河水面上仍有船只航行；60年代后期，河水流量减少；1972年临城水库建成后，泜河中下游常年水流量减少七成以上，枯水期，水库以下河段几乎断流。泜河客水来量不大，多年平均客水1 464.5万 m^3，平水年1 097.5万 m^3，枯水年565.9万 m^3。

（2）小槐河廊道：小槐河为子牙支流，沟谷的河流地貌由西向东展布，由西部山地的深切谷地,向东逐渐过渡为宽缓的谷底与谷坡地貌。

(3) 午河廊道:午河隶属于海河流域子牙河水系,午河只是行洪河道,只有洪水来的时候才能看得见水。午河穿临城县境而过。

(4) 南水北调干渠廊道:临城县域内南水北调干渠廊道属于南水北调中线工程,南水北调中线工程,即从长江最大支流汉江中上游的丹江口水库东岸岸边引水,经长江流域与淮河流域的分水岭南阳方城垭口,沿唐白河流域和黄淮海平原西部边缘开挖渠道,在河南荥阳市王村通过隧道穿过黄河,沿京广铁路西侧北上,自流到北京颐和园团城湖的输水工程。

四条生态廊道是以防风固沙、水资源供给、行洪排涝、湿地生态为主,农业生产为辅的复合功能空间。沿线生态环境敏感脆弱,森林生态系统服务功能和河流防洪排涝标准有待提升,存在土地沙化风险。要加强环境保护与修复,使生态环境向良好的方向发展。

二、生态空间规模

生态空间包括生态保护红线、生态保护红线外重要水域以及其他生态用地。规划全县生态空间总面积不少于 24 199.22 hm^2,约占县域面积的 30.93%。

原环保部门划定临城县生态保护红线 15 385.84 hm^2,根据相关要求优化调整原生态保护红线,调出矛盾冲突等图斑 41.88 hm^2,调入自然保护地、生态极重要区图斑 16.31 hm^2,全县划定生态保护红线规模为 12 829.29 hm^2,占县域总面积的 16.39%,主要分布在西部太行山蝎子沟、小天池、三峰山及中部岐山湖、崆山白云洞、天台山。

生态保护红线划定后,相关规划要符合生态保护红线空间管控要求,不符合的要及时进行调整。镇级国土空间规划编制要将生态保护红线作为重要基础,发挥生态保护红线对于国土空间开发的底线作用。

三、自然保护地体系

规划对各类自然保护地进行整合优化,按照边界完整、等级优先的原则,划定自然保护地总面积 8 837 hm^2。包括省级自然保护区 1 处,面积为 7 004 hm^2;整合优化后的国家级地质自然公园 1 处,面积为 1 833 hm^2。自然保护地核心保护区内以维护自然生态系统的原真性和完整性为主,原则上禁止人为活动,一般控制区内限制人为活动。以"名录+边界"传导形式落实自然保护地管理,县按照名录划定市级以下自然保护地边界,县林业部门组织编制本级自然保护地规划(图 4-2)。

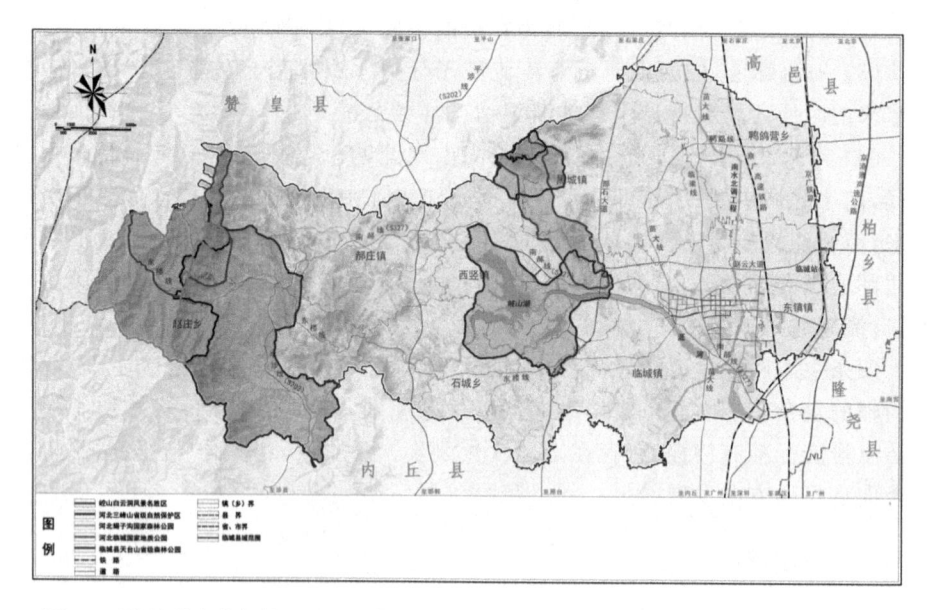

图 4-2　临城县自然保护地现状图［来源：《临城县国土空间总体规划(2021—2035 年)》］

四、三线控制清单

(一)生态保护红线

划定生态保护红线,确立生态保护红线的优先地位。将实施生态保护红线保护与修复,作为山水林田湖生态保护和修复工程的重要内容。以县为基本单元建立生态保护红线台账系统,制定实施生态系统保护与修复方案。优先保护良好生态系统和重要物种栖息地,建立和完善生态廊道,提高生态系统完整性和连通性。分区分类开展受损生态系统修复,采取以封禁为主的自然恢复措施,辅以人工修复,改善和提升生态功能。选择以水源涵养和生物多样性维护为主导生态功能的生态保护红线,开展保护与修复示范。有条件的地区,可逐步推进生态移民,有序推动人口适度集中安置,降低人类活动强度,减小生态压力。切实强化生态保护红线及周边区域污染联防联治,重点加强生态保护红线内入海河流综合整治。

(二)永久基本农田

土地利用规划划定永久基本农田面积 15 638 hm²。本轮工作通过进行永久基本农田的核实整改,调出永久基本农田图斑面积 1 910.84 hm²,进一步优化永久基本农田布局。全县划定永久基本农田面积 15 661.94 hm²,占县域总面积的20.02%,主要分布在县域东部平原地区。

规范永久基本农田上的农业生产活动。按照"尊重历史、因地制宜、农民受益、社会稳定、生态改善"的原则,有序规范引导永久基本农田上的农业生产活动,强化动态监督管理,保持粮食种植规模基本稳定。

(三) 城镇开发边界

全县划定城镇开发边界面积 1 948.91 hm²,占县域总面积的 2.49%,主要分布在中心城区、开发区东区、开发区西区、西竖镇区和岐山湖风景区、东镇镇区、郝庄镇区。

严格实行建设用地总量与强度双控,强化城镇开发边界对开发建设行为的刚性约束作用,同时考虑城镇未来发展的不确定性,适当增加布局弹性。在城镇开发边界内实行"详细规划+规划许可"的管制方式,城镇开发边界外空间主导用途为农业和生态,不得进行城镇集中建设,村庄建设、独立选址的点状和线性工程项目,应符合有关国土空间规划和用途管制要求。城镇开发边界以及特别用途区原则上不得调整。因国家重大战略调整、国家重大项目建设、行政区划调整等确需调整的,按国土空间规划的调整程序进行(表 4-1)。

表 4-1 三线控制清单

县(市、区)/乡镇	生态保护红线/hm²	永久基本农田/hm²	城镇开发边界/hm²
临城镇	121.55	2 951.36	1 147.55
西竖镇	1 220.94	1 417.65	79.58
东镇镇	20.58	1 483.78	499.3
郝庄镇	1 466.77	794.26	44.75
黑城镇	1 084.71	2 701.41	177.73
鸭鸽营乡	62.28	4 186.29	0.00
石城乡	197.49	1 754.60	0.00
赵庄乡	8 654.97	372.59	0.00
合计	12 829.29	15 661.94	1 948.91

五、农业发展格局

聚焦科技农业、绿色农业、品牌农业、质量农业等"四个农业"建设,集中打造薄皮核桃、蔬菜(食用菌)、道地中药材、苹果、优质蛋鸡、功能农业 6 个特色优势产业集群。打造一批科技高端、标准高端、品质高端、品牌高端的现代农业示范园区和精品农产品,带动全县特色优势产业集聚集约发展。

以粮食生产功能区和重要农产品保护区两区划定为基础构建"三区五园"的

农业生产格局。强化生态屏障保护与林业资源开发,构建西部山地生态农业区,促进农业现代化和规模化发展,打造中部岐山湖粮食生产功能区,推动都市农业特色化、精品化发展,打造东部重要农产品生产保护区。依托临城农业特色种植基地,建设农业生态观光园、现代观光果园,形成县城北部薄皮核桃旅游农业园、石城南部薄皮核桃旅游农业园区、阎家庄果品旅游农业园、南沟果品旅游农业园、鸭鸽营有机蔬菜旅游农业园五大农业园。

六、城镇空间格局

打造"一带引领,双十联动"的城镇总体发展格局。

(1) 一带引领:建设县城融合发展带。以中心城区(含开发区东区)、开发区西区、西竖片区、东镇片区为重点,打造"一城四片"县城融合发展带,实现城市集聚高效发展。

(2) 双十联动:构建邢-石城镇发展轴、城区-太行山景区联动发展轴。以邢石公路、107国道为重点,打造邢-石城镇发展轴。以赵云大道、临城大道为重点,打造城区-太行山景区联动发展轴,形成"双十"交通廊道,实现城-景通、景-景通,强化临城在区域的"十字"支点地位。

第二节 修复分区

一、国土空间生态修复功能分区框架

(一) 基于功能导向的国土空间生态修复分区定位及内涵

国土空间是由一系列不同类型的功能单元组合而成、在时空上连续分布的有机整体,不同范围的国土空间,由于资源、生态、环境、经济、社会等要素组成的功能单元,在国土空间整体功能形成中所起的作用不同,其中某一种或某几种要素起着主导作用。基于功能导向的国土空间分区,就是从国土空间的整体定位和整体功能出发,按照区域分工和协同发展的原则,寻找出不同空间单元在整体功能中起主导作用的要素,以确定特定空间单元的功能或优势功能。

国土空间生态修复分区是综合分析土地主要利用类型和主导生态功能所进行的基于主导生态功能修复的一种国土空间分区,是基于地域分异、空间分异、生态区划等理论,根据不同区域尺度生态主导功能的退化、受损、破坏情况,对生态修复科学定位、合理区分的过程,为生态修复规划与实施提供基础导向,更好地服务于国土空间规划和管控。基于功能导向的国土空间生态修复分区思路为:先确定功能导向,再分析功能的结构制约,最后根据结构制约确定国土空间生态修复方式。

国土空间生态修复是实现区域功能目标的有效途径和工具,基于功能导向的国土空间生态修复分区依据区域内土地利用功能空间差异,根据功能导向划定国土空间生态修复分区,并根据功能导向及制约因素确定国土空间生态修复目标及方式的分区配置,在国土空间生态修复分区及各区修复方向的确定上具有客观性、直观性和明确性。

(二)基于功能导向的国土空间生态修复分区原则

1. 目标导向

生态修复要切合区域发展和生态建设定位,实现国土空间格局优化、生态系统稳定、功能提升的工作目标,促进"三生"协调、改善人居环境、增加人民福祉。生态修复分区,既要面对破解生态问题需求,又要面对满足人民对美好生活的向往,建设美丽国土,服务资源管理可持续、土地利用可持续、生态安全可持续、区域经济可持续。

2. 功能导向

生态修复分区的出发点和落脚点都是"主导生态功能",要践行生态优先、绿色发展、"三生"协调的理念,确保生态空间得到保障、生态质量得到提升、生态功能得到增强,国家生态安全得到保障,生态文明建设取得成效。通过生态修复分区使各生态地域单元的主导生态功能得到进一步彰显,进而更好地实现局部和整体的国土空间生态功能。

3. 问题导向

生态修复是针对生态系统功能退化、受损、破坏等生态问题而进行的。需要全面考虑自然因素、人为因素和综合因素,以问题为导向,以解决问题为目标。"三生空间""三区三线",生态问题的成因、程度、影响各有不同,生态修复分区要抓住主要问题,突出问题主导,尊重客观事实。

4. 任务导向

生态修复分区要以《全国重要生态系统保护和修复重大工程总体规划(2021—2035年)》为工作指引,以国土空间管控目标为总体要求,立足区域国土空间资源禀赋、发展阶段、重点问题和治理需求,确定全域国土综合整治和生态修复的目标任务、重点区域和重大工程布局,针对任务需求进行生态修复整体部署,做好国土空间治理上下、前后的衔接。

(三)基于功能导向的国土空间生态修复分区技术方法

国土空间生态修复分区是国土空间规划和管控的具体举措,是生态文明建设的基础支撑。生态修复分区以生态保护红线为底线、以生态主导功能为依据,通过政府主导的"自上而下"和公众参与的"自下而上"相结合,综合区域发展分异、土地利用格局、典型生态单元等国土要素、空间尺度统筹谋划,最终构建"整体保护、系统修复、分类施策、综合整治"的国土整治与生态建设格局。针对临城县国土空间生态修复分区,采用二级分区的方法,结合主导因素法、综合分析法、文献资料法、空间叠置法、案例分析法等综合分析。

二、分区过程

(一)生态背景一级分区

主要依据地域(流域)、高程、土壤、植被、气候等地域分异规律划分,突出地域(流域)、体现系统,关键在明确摸清资源生态本底,属于生态功能基础分区。临城县位于河北省西南部,东和东南与柏乡县、隆尧县相接,南和西南与内丘县相连,北和西北与石家庄市赞皇县、高邑县为邻,西与山西省昔阳县隔山相望。临城县地处太行山东麓,地势西高东低,西部为中山区,海拔最高1 510 m,中部为低山和丘陵,东部有小部分平原,海拔最低38.30 m,全县中山区占10.75%、低山区占55.89%、丘陵区占25.30%、平原区占7.98%。临城县属于暖温带亚湿润大陆性季风气候,四季分明。临城县河流属于海河流域子牙河水系。县境内主要有泜河、午河和小槐河三条河流,主河流长138.68 km,均属子牙河水系的滏阳河上游支流,多为时令河,平时基流很少或干涸(图4-3、表4-2、图4-4)。

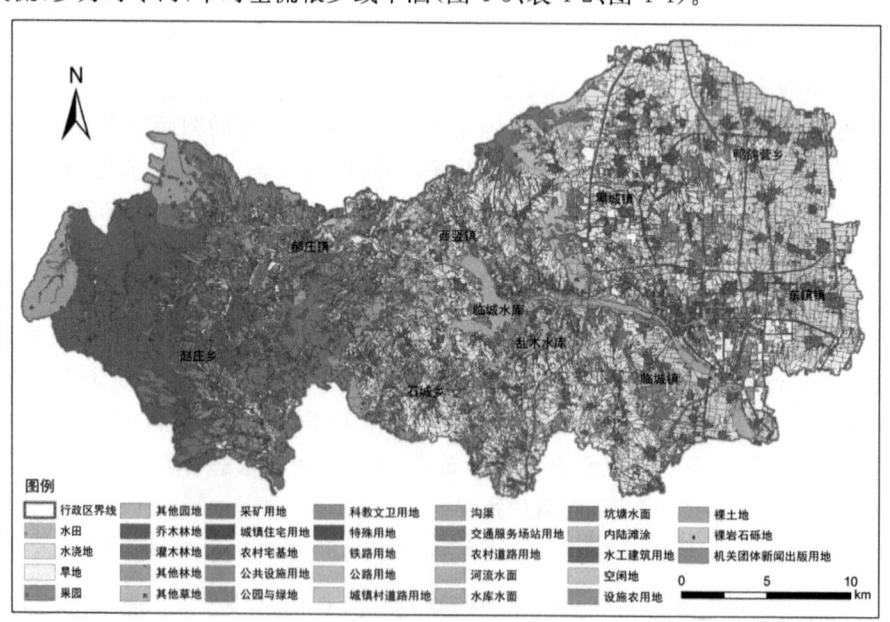

图4-3 临城县土地利用现状图

表 4-2　土地利用现状面积统计表

地类名称		面积/hm²	百分比/%
土地总面积		78 252.23	100
农田生态系统	设施农用地	281.30	0.36
	旱地	16 039.56	20.50
	水浇地	10 818.07	13.82
	水田	4.78	0.01
森林生态系统	乔木林地	10 167.74	12.99
	其他园地	16.90	0.02
	其他林地	7 773.62	9.93
	灌木林地	7 946.83	10.16
	果园	5 925.75	7.57
草原生态系统	其他草地	4 750.45	6.07
城镇生态系统	裸土地	3.36	0.00
	裸岩石砾地	0.14	0.00
	公园与绿地	49.72	0.06
	交通服务场站用地	35.96	0.05
	公用设施用地	35.03	0.05
	公路用地	770.59	0.98
	农村宅基地	4 011.02	5.13
	农村道路	1 159.15	1.48

耕地面积为26 862.42 hm²，占土地总面积的34.69%。其中：水田4.78 hm²，占耕地面积的0.02%，零星分布在临城镇东南部；水浇地10 818.07 hm²，占耕地面积的40.27%，主要分布在鸭鸽营乡、东镇镇、黑城镇东南部以及临城镇北部和东南部；旱地16 039.56 hm²，占耕地面积的59.71%，主要分布在全县的中部和东部部分地区。

果园面积为5 925.75 hm²，占土地总面积的7.57%。园地主要集中在全县的中西部，郝庄镇、赵庄乡分布面积大，其他乡镇零星分布。

林地面积为25 888.60 hm²，占土地总面积的33.08%。林地主要集中于西部高海拔地区，其余乡镇均有分布。

草地面积为4 750.45 hm²，占土地总面积的6.07%，集中分布在中部黑城镇、临城镇、西竖镇、石城乡。

图 4-4 临城县国土空间生态修复一级分区图

其他农用地面积为 1 832.51 hm², 占土地总面积的 2.34%。其中设施农用地面积为 281.30 hm², 在全县各个乡镇零星分布；农村道路面积为 1 159.15 hm²；坑塘面积为 219.03 hm², 主要集中在西竖镇；沟渠面积为 173.03 hm²。

（二）生态功能二级分区

1. "双评价"结果评估

"双评价"是指资源环境承载能力与国土空间开发适宜性评价。

资源环境承载能力评价，指的是基于特定发展阶段、经济技术水平、生产生活方式和生态保护目标，一定地域范围内资源环境要素能够支撑农业生产、城镇建设等人类活动的最大规模。国土空间开发适宜性评价，指的是在维系生态系统健康和国土安全的前提下，综合考虑资源环境等要素条件，在特定国土空间进行农业生产、城镇建设等人类活动的适宜程度。

（1）生态保护重要性评价

全县总面积 78 252.23 hm²，生态保护重要性评价为极重要区的面积是 14 941.65 hm²，占临城县总面积的比例为 19.09%，主要分布在赵庄乡西部三峰山地域。重要类型的面积是 39 129.29 hm²，占总面积的比例为 50.00%，主要是分布在赵庄乡东部、郝庄镇、西竖镇、石城乡、黑城镇西部、临城镇西北部。一般重要类型的面积是 24 181.29 hm²，占总面积的比例为 30.91%，主要是分布在鸭鸽营乡、东镇镇、黑城镇东部、临城镇除西北外的大部分地区（图 4-5、表 4-3）。

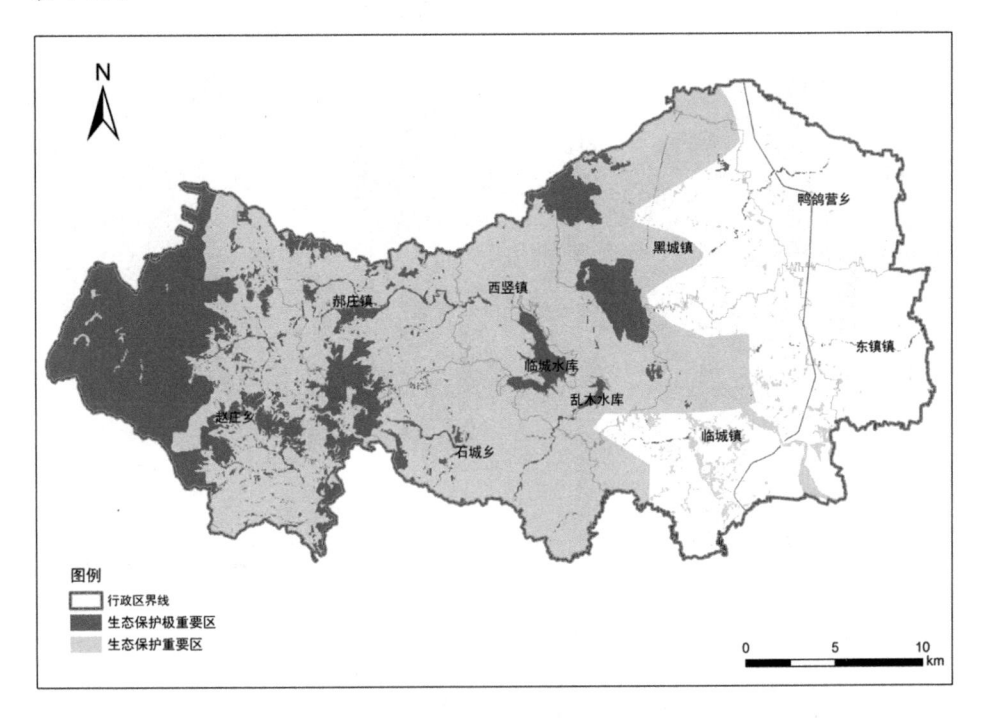

图 4-5　临城县生态保护重要性评价图

表 4-3　临城县生态保护重要性评价结果

区域	极重要		重要		一般重要	
	面积	比重/%	面积	比重/%	面积	比重/%
临城县	14 941.65	19.09	39 129.29	50.00	24 181.29	30.91

（2）农业生产适宜性评价

全县总面积 78 252.23 hm²，农业生产适宜性评价为生态保护极重要区的面积是 14 941.65 hm²，占临城县总面积的比例为 19.09%，主要分布在赵庄乡西部三峰山地域。不适宜区的面积是 3 862.13 hm²，占总面积的比例为 4.94%，主要是分布在郝庄镇西部部分地区、赵庄乡南部部分地区。适宜区的面积是

59 448.45 hm², 占总面积的比例为 75.97%, 在全县中部和东部集中分布 (图 4-6、表 4-4)。

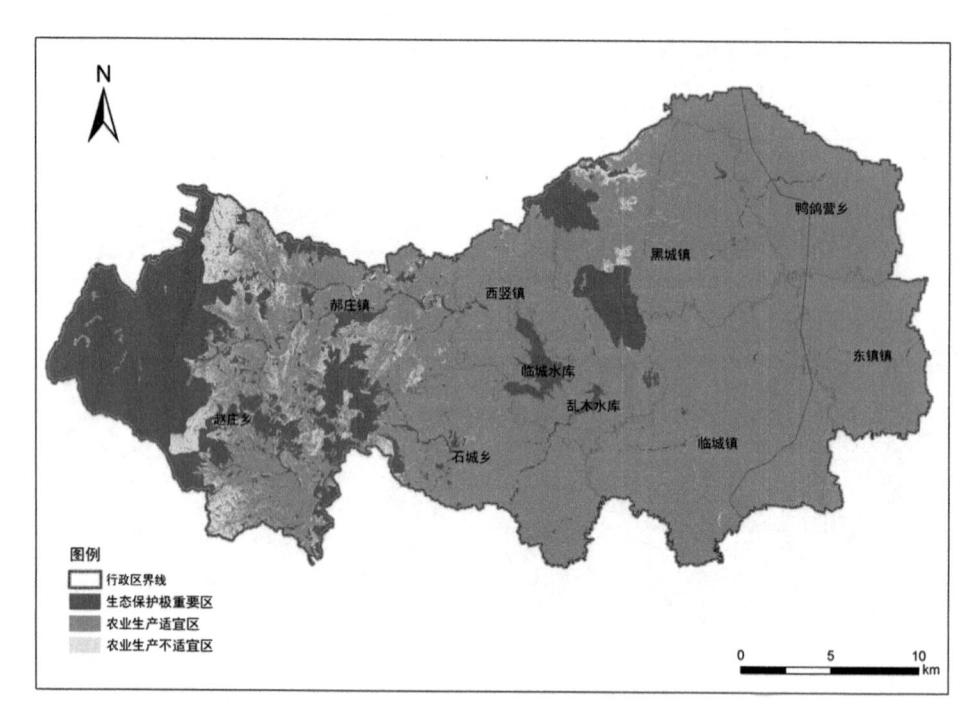

图 4-6 临城县农业生产适宜性评价图

表 4-4 临城县农业生产适宜性评价结果

区域	极重要		不适宜		适宜	
	面积	百分比/%	面积	百分比/%	面积	百分比/%
临城县	14 941.65	19.09	3 862.13	4.94	59 448.45	75.97

(3) 城镇建设适宜性评价

全县总面积 78 252.23 hm², 城镇建设适宜性评价为生态保护极重要区的面积是 14 941.65 hm², 占临城县总面积的比例为 19.09%, 主要分布在赵庄乡西部三峰山地域。不适宜区的面积是 4 357.29 hm², 占总面积的比例为 5.57%, 零星分布在郝庄镇西部部分地区、赵庄乡南部部分地区。适宜区的面积是 58 953.29 hm², 占总面积的比例为 75.34%, 在全县中部和东部集中分布 (图 4-7、表 4-5)。

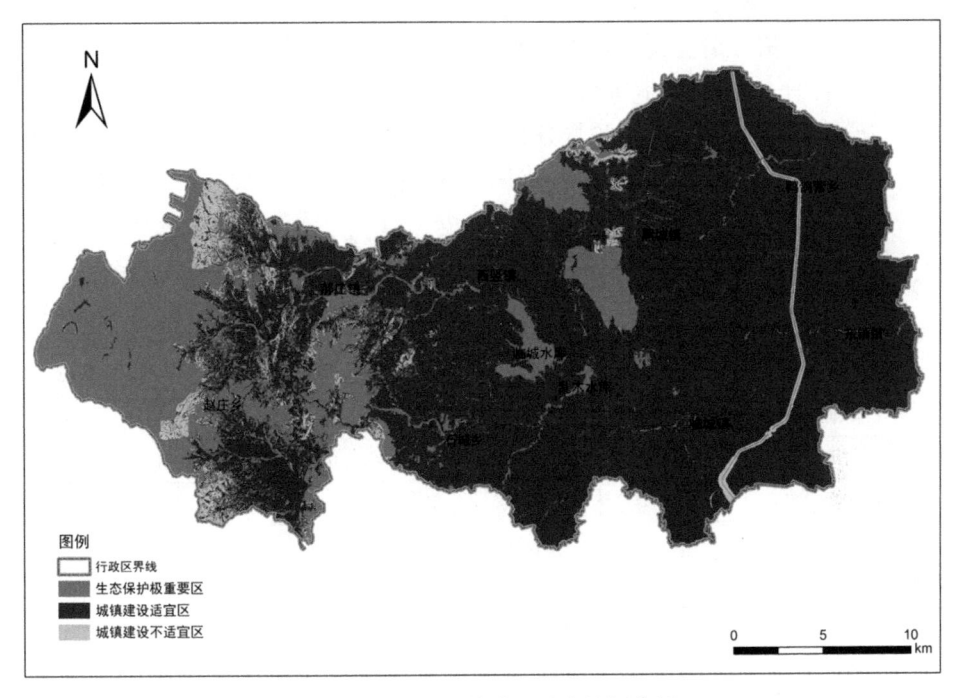

图 4-7 临城县城镇建设适宜性评价图

表 4-5 临城县城镇建设适宜性评价结果　　　　　　　　　　　单位：hm²

区域	极重要		不适宜		适宜	
	面积	百分比/%	面积	百分比/%	面积	百分比/%
临城县	14 941.65	19.09	4 357.29	5.57	58 953.29	75.34

2. 生态系统服务价值评估

采用千年生态系统评估（MA）的方法，将生态系统服务分为供给服务、调节服务、支持服务和文化服务 4 大类，并进一步细分为食物生产、原料生产、水资源供给、气体调节、气候调节、净化环境、水文调节、土壤保持、维持养分循环、生物多样性和美学景观等 11 种服务功能。运用 Costanza（康斯坦萨）等给出的模型和谢高地等学者提出的当量因子法计算邢台市生态系统服务价值（表 4-6），公式如下：

$$ESV = \sum A_k VC_k \tag{4-1}$$

$$ESV_f = \sum (A_k VC_{fk}) \tag{4-2}$$

式中　ESV——生态系统服务价值，元；
　　　A_k——第 k 种土地利用类型的面积，hm^2；
　　　VC_k——生态系统服务价值系数，元/($hm^2 \cdot a$)；
　　　ESV_f——生态系统单项服务价值，元；
　　　VC_{fk}——生态系统单项服务价值系数，元/($hm^2 \cdot a$)。

表 4-6　单位面积生态系统服务价值当量因子表

生态系统分类		供给服务			调节服务				支持服务			文化服务
一级分类	二级分类	食物生产	原料生产	水资源供给	气体调节	气候调节	净化环境	水文调节	土壤保持	维持养分循环	生物多样性	美学景观
农田	旱地	0.85	0.40	0.02	0.67	0.36	0.10	0.27	1.03	0.12	0.13	0.06
	水田	1.36	0.09	−2.63	1.11	0.57	0.17	2.72	0.01	0.19	0.21	0.09
森林	针叶	0.22	0.52	0.27	1.70	5.07	1.49	3.34	2.06	0.16	1.88	0.82
	针阔混交	0.31	0.71	0.37	2.35	7.03	1.99	3.51	2.86	0.22	2.60	1.14
	阔叶	0.29	0.66	0.34	2.17	6.50	1.93	4.74	2.65	0.20	2.41	1.06
	灌木	0.19	0.43	0.22	1.41	4.23	1.28	3.35	1.72	0.13	1.57	0.69
草地	草原	0.10	0.14	0.08	0.51	1.34	0.44	0.98	0.62	0.05	0.56	0.25
	灌草丛	0.38	0.56	0.31	1.97	5.21	1.72	3.82	2.40	0.18	2.18	0.96
	草甸	0.22	0.33	0.18	1.14	3.02	1.00	2.21	1.39	0.11	1.27	0.56
湿地	湿地	0.51	0.50	2.59	1.90	3.60	3.60	24.23	2.31	0.18	7.87	4.73
荒漠	荒漠	0.01	0.03	0.02	0.11	0.10	0.31	0.21	0.13	0.01	0.12	0.05
	裸地	0.00	0.00	0.00	0.02	0.00	0.10	0.03	0.02	0.00	0.02	0.01
水域	水系	0.80	0.23	8.29	0.77	2.29	5.55	102.24	0.93	0.07	2.55	1.89
	冰川积雪	0.00	0.00	2.16	0.18	0.54	0.16	7.13	0.00	0.00	0.01	0.09

一级生态系统服务根据研究结果可知，供给服务的高值区零星分布在临城县中部地区，主要分布在西竖镇、石城乡（图 4-8）；调节服务的高值区分布在临城县西部和中部地区，主要分布在西竖镇、赵庄乡（图 4-9）；支持服务的高值区分布在临城县西部地区，主要分布在郝庄镇、赵庄乡（图 4-10）；文化服务的高值区零星分布在临城县全域范围，主要分布在郝庄镇、赵庄乡、西竖镇、黑城镇（图 4-11）。

第四章 国土空间生态修复格局

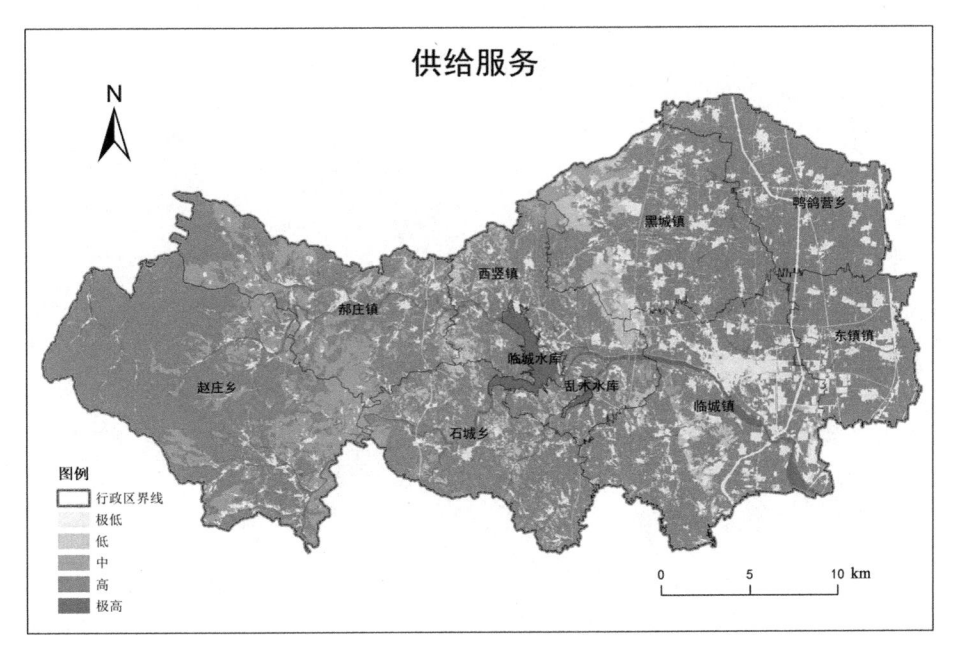

(a)价值分布图

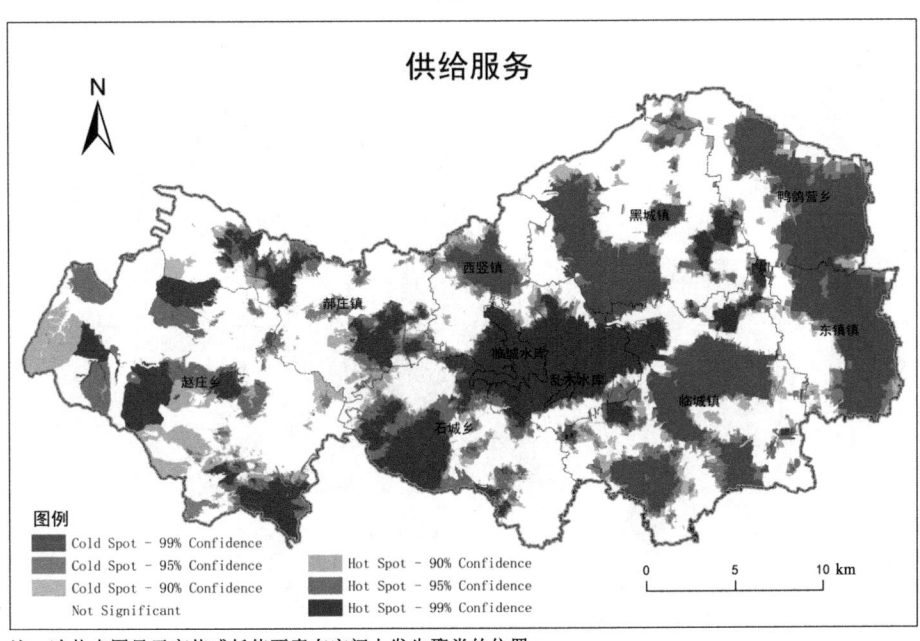

注：冷热点图显示高值或低值要素在空间上发生聚类的位置

(b)冷热点分布图

图 4-8 临城县生态系统供给服务价值分布图

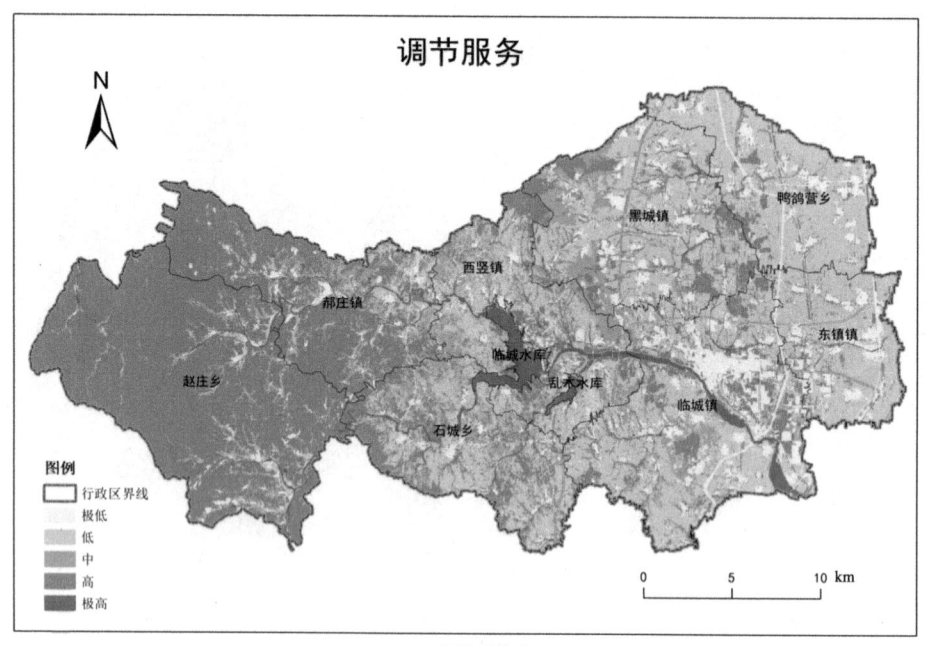

（a）价值分布图

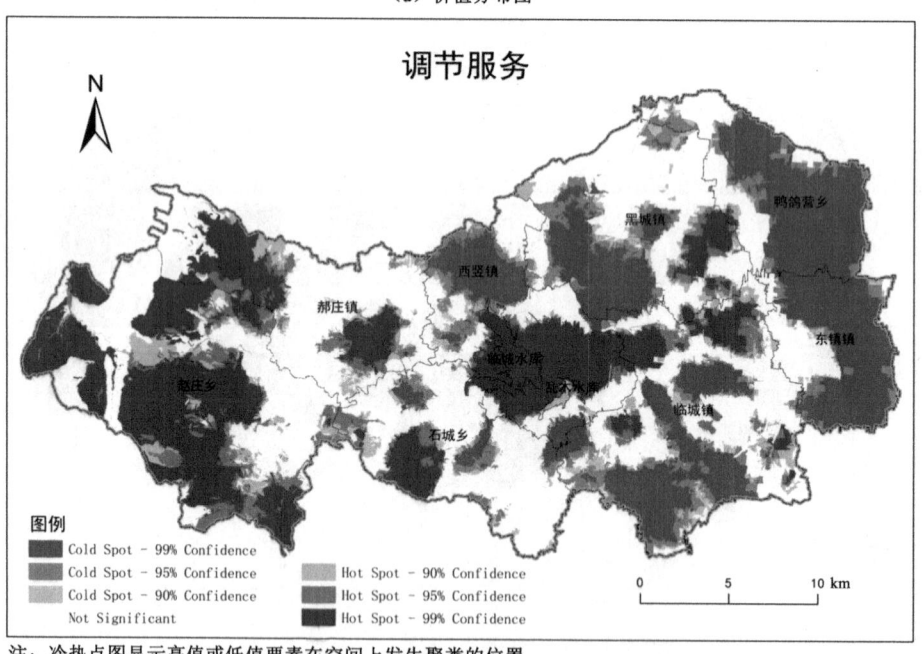

注：冷热点图显示高值或低值要素在空间上发生聚类的位置

（b）冷热点分布图

图 4-9 临城县生态系统调节服务价值分布图

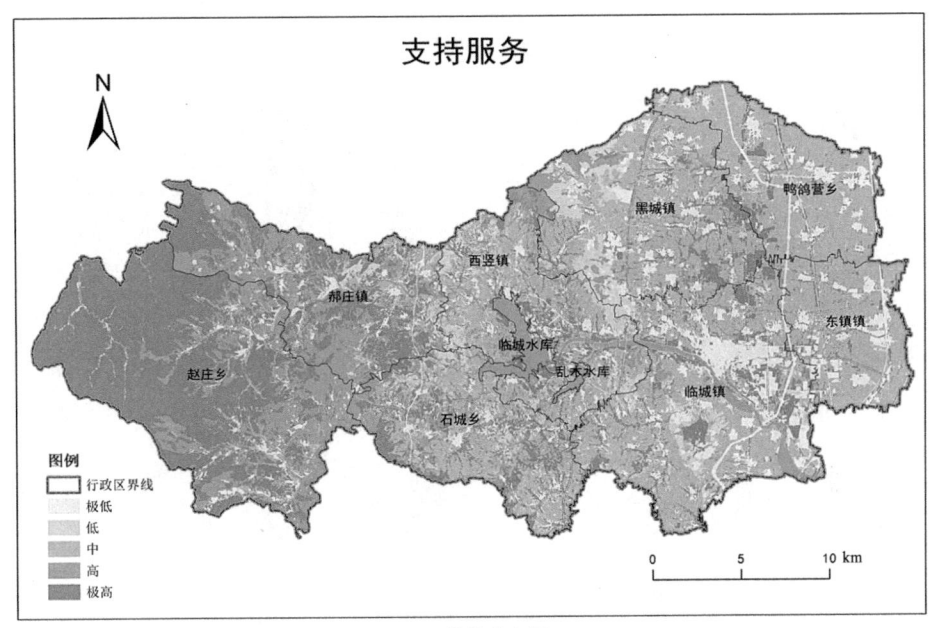

(a) 价值分布图

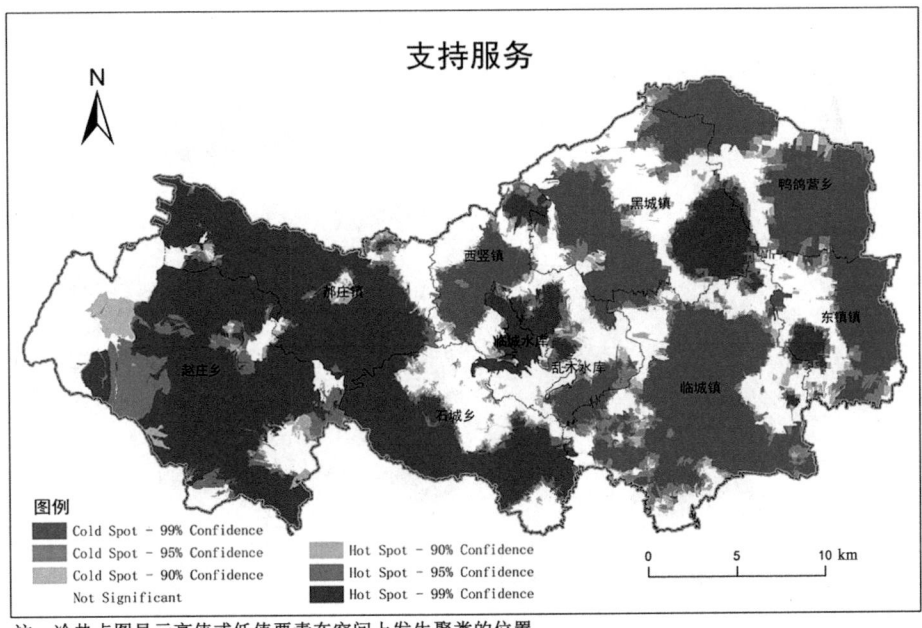

(b) 冷热点分布图

图 4-10 临城县生态系统支持服务价值分布图

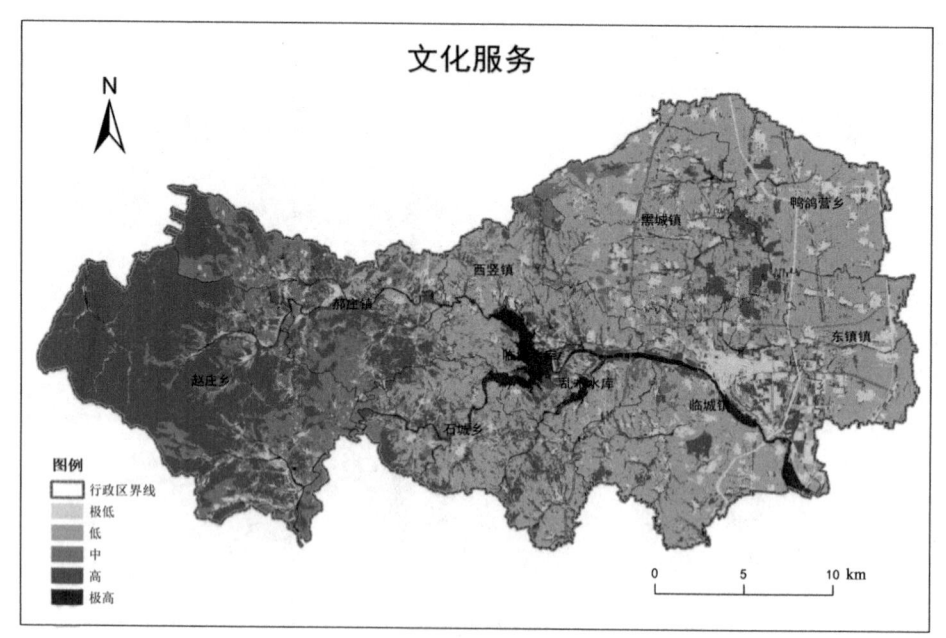

（a）价值分布图

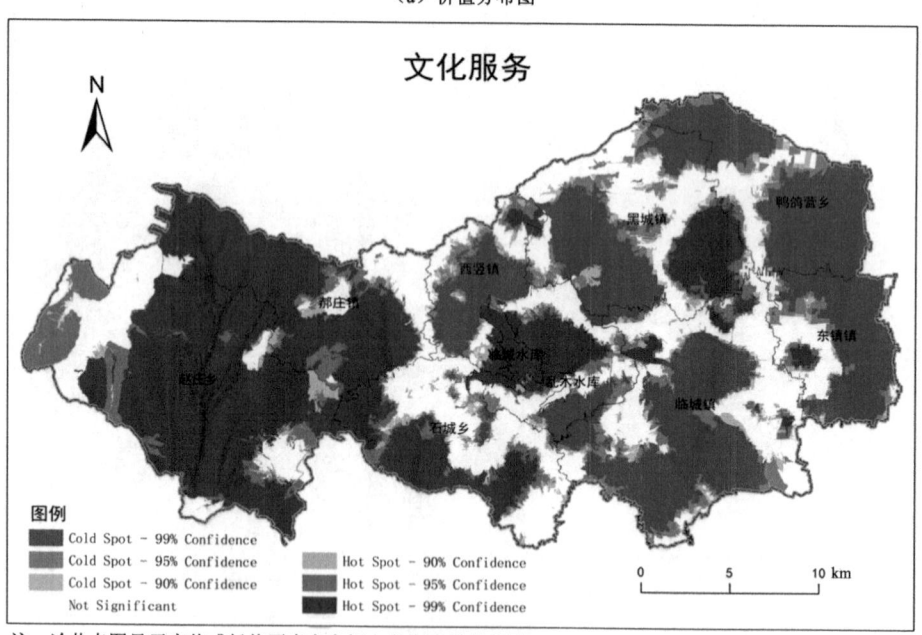

注：冷热点图显示高值或低值要素在空间上发生聚类的位置

（b）冷热点分布图

图 4-11　临城县生态系统文化服务价值分布图

供给服务的高值区主要位于临城镇中部的临城水库和乱木水库地区,以及南部石城乡的部分地区,该区水资源和农田资源丰富,低值区主要位于东部的城镇地区,该地区人类活动密集,土地利用以建设用地为主。

调节服务的高值区主要位于临城镇中部的临城水库和乱木水库地区,以及西部赵庄乡的部分生态良好地区,对生态环境起到良好的调节作用,低值区主要位于中部和东部的城镇地区,人类活动密集,土地利用主要是建设用地。

支持服务的高值区主要位于临城镇中部的临城水库,以及西部赵庄乡、郝庄镇和石城乡,该地区以林地生态系统和农田生态系统为主,生态系统完整性保持较好,低值区主要位于中部和东部的城镇地区,该地区多为建设用地,人类活动密集。

文化服务的高值区主要位于临城镇中部林城水库和乱木水库,以及西部赵庄乡和郝庄镇,该地区自然景观完整性较好,低值区主要位于中部和东部地区,该地区主要是城镇用地,人类活动较为密集。

二级生态系统服务根据研究结果可知,食物生产的高值区位于临城县中部,主要分布于西竖镇、石城乡,该地区内有大量的水浇地、旱地等农业用地(图 4-12);原料生产、土壤保持、维持养分循环的高值区位于临城县中西部,主要分布于石城乡、赵庄乡、郝庄镇(图 4-13、图 4-19、图 4-20);水资源供给、水文调节的高值区位于临城县中部,主要受到国有水库的影响(图 4-14、图 4-18);气体调节、气候调节、净化环境的高值区位于临城县的西部和中部,主要分布于郝庄镇、赵庄乡、国有水库(图 4-15~图 4-17);生物多样性、美学景观的高值区位于临城县西部、中部和东部部分地区,主要分布于郝庄镇、赵庄乡和国有水库(图 4-21、图 4-22)。

食物生产服务的高值区主要位于临城镇中部石城乡,该地区是粮食主产区,低值区主要位于中东部的临城镇和西部山区,主要为林地和人类活动区。

食物生产服务的高值区主要位于临城镇中部石城乡和西部郝庄镇、赵庄乡和石城乡部分地区,该地区主要为山区林地和农田,低值区主要位于东部地区,该区人口密集,主要是建设用地。

水资源供给服务的高值区主要位于临城镇中部临城水库和乱木水库,以及泜河流域,该区水资源丰富,低值区主要位于东部的鸭鸽营乡和东镇镇,该区人类活动密集,水资源较为紧缺。

气体调节服务的高值区主要位于临城镇西部山区,该区以林地生态系统为主,可以对生态环境进行良好的气体调节作用,低值区主要位于东部地区,该区地势平坦,多为农田和建设用地。

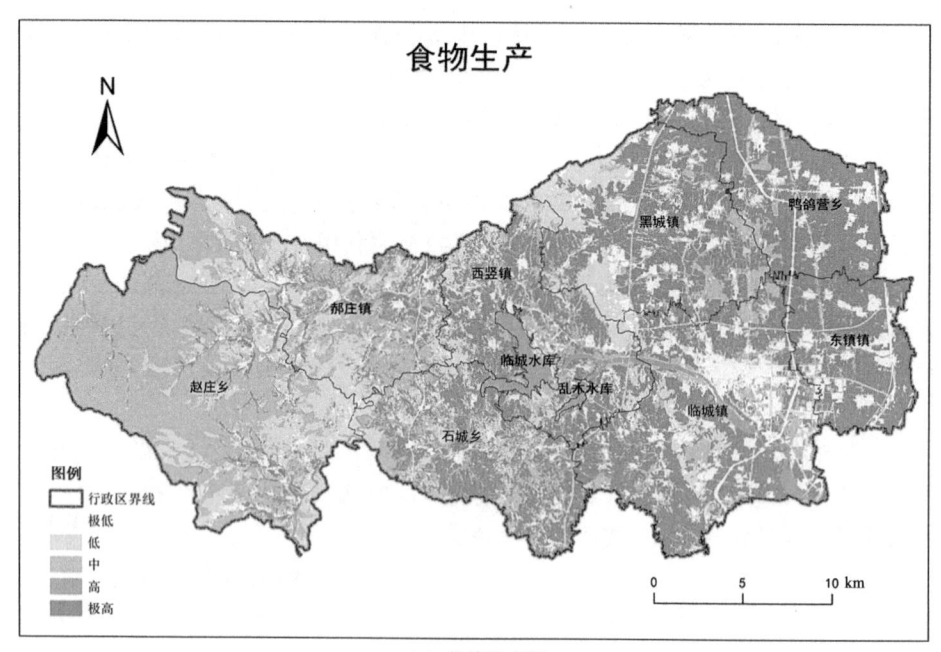

(a)价值分布图

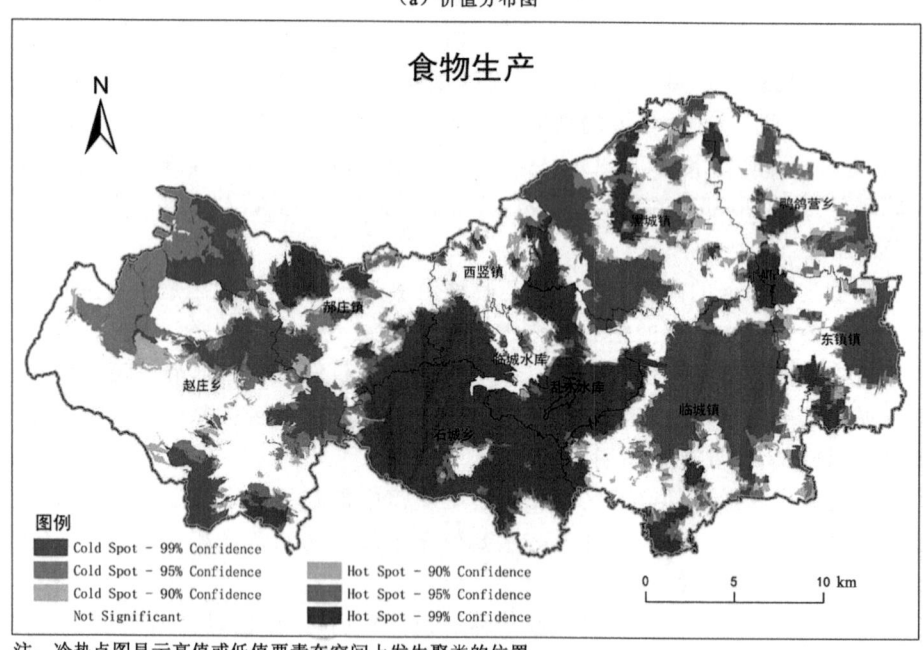

注：冷热点图显示高值或低值要素在空间上发生聚类的位置

(b)冷热点分布图

图 4-12 临城县生态系统食物生产服务价值分布图

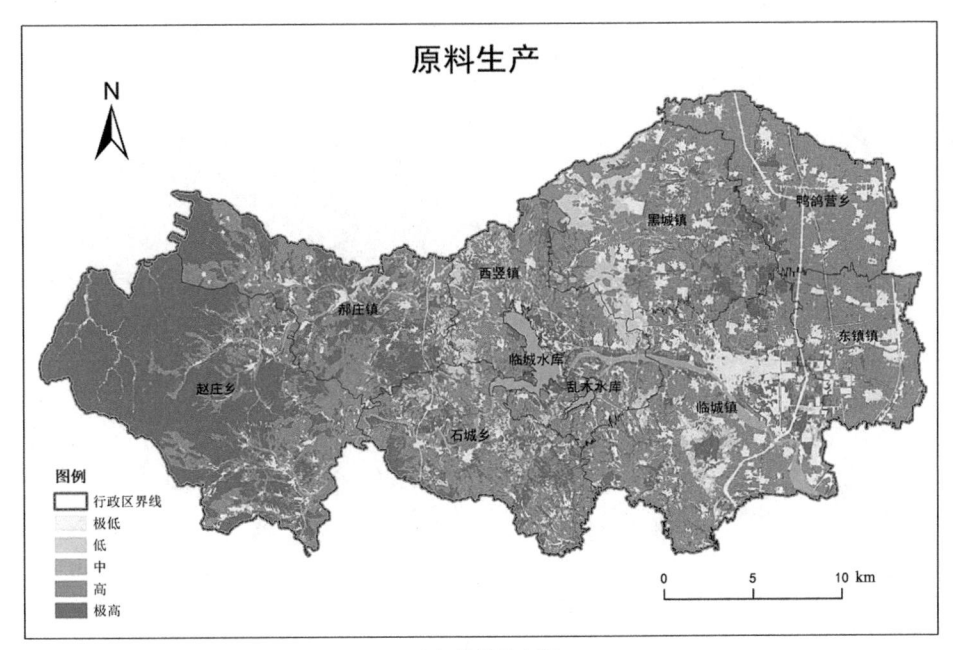

第四章 国土空间生态修复格局

(a) 价值分布图

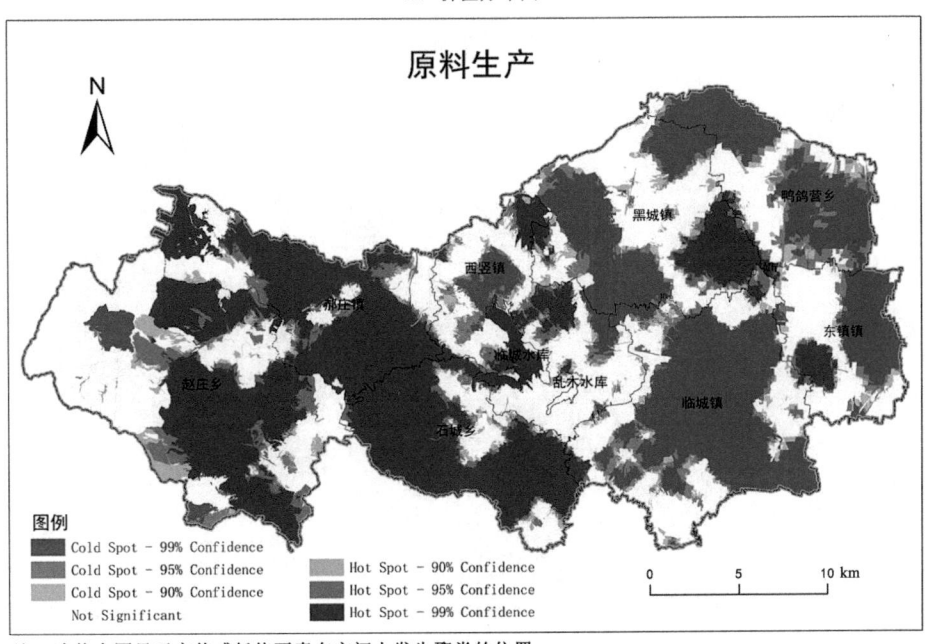

注：冷热点图显示高值或低值要素在空间上发生聚类的位置

(b) 冷热点分布图

图 4-13 临城县生态系统原料生产服务价值分布图

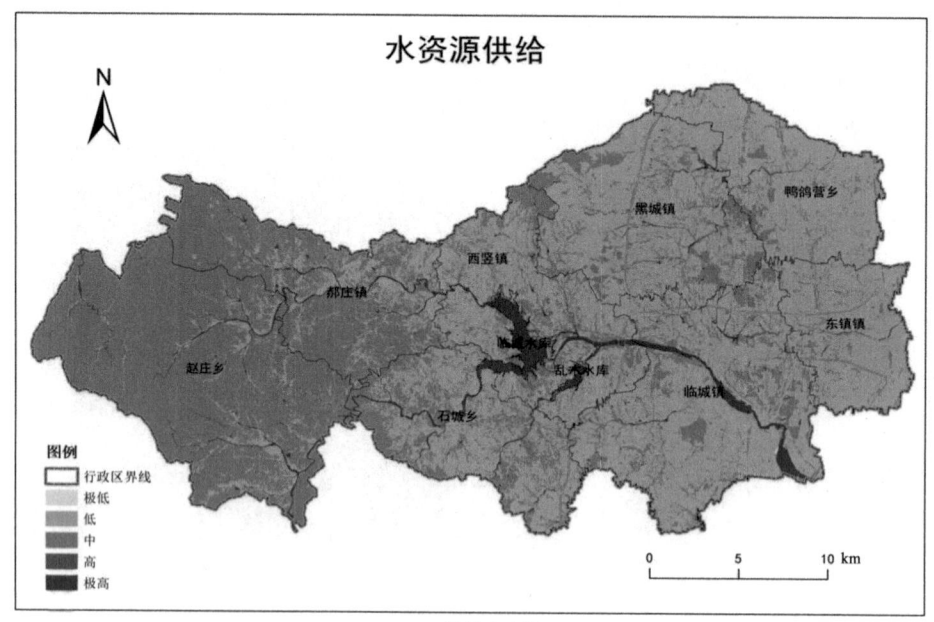

（a）价值分布图

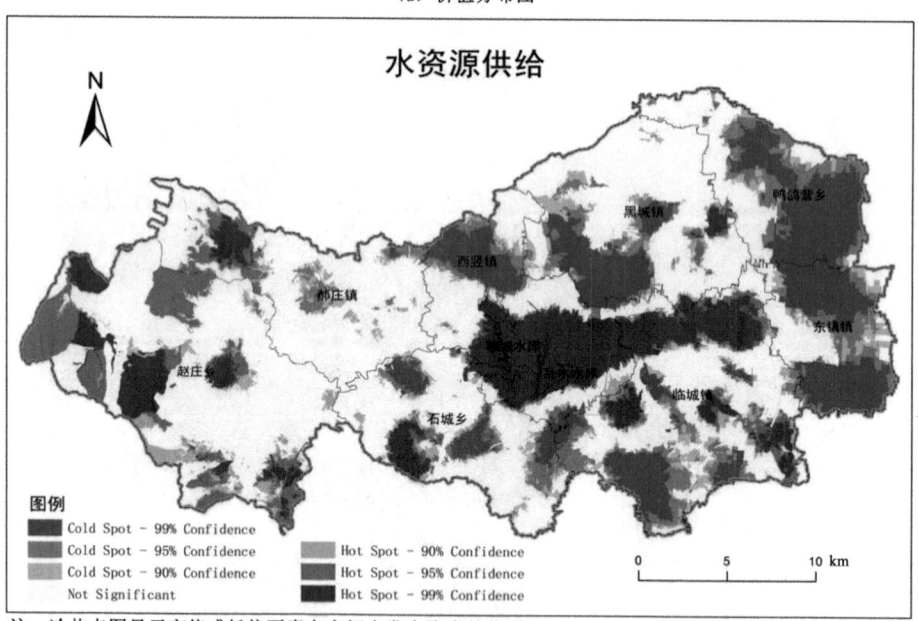

（b）冷热点分布图

注：冷热点图显示高值或低值要素在空间上发生聚类的位置

图 4-14　临城县生态系统水资源供给服务价值分布图

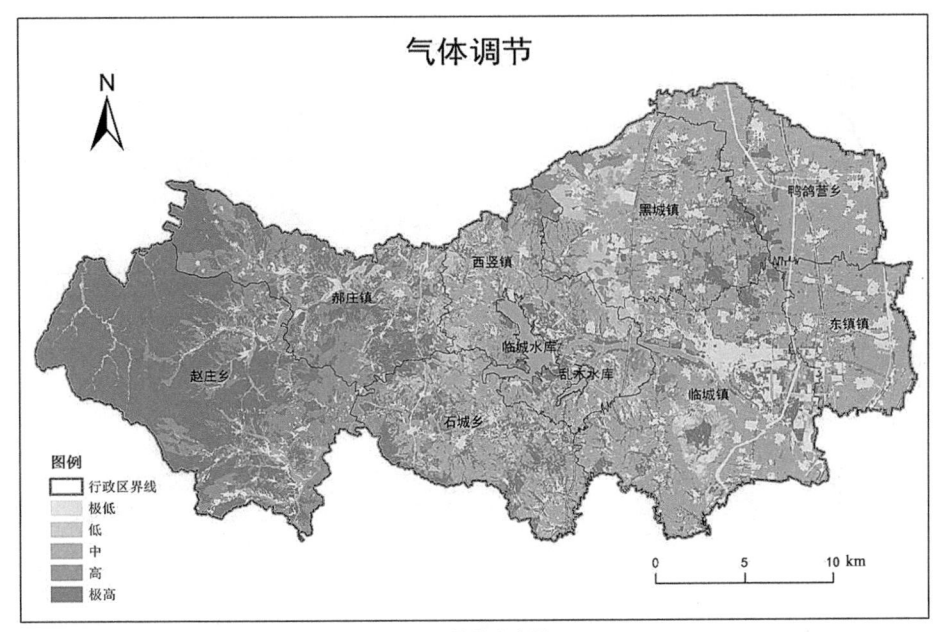

第四章 国土空间生态修复格局

(a) 价值分布图

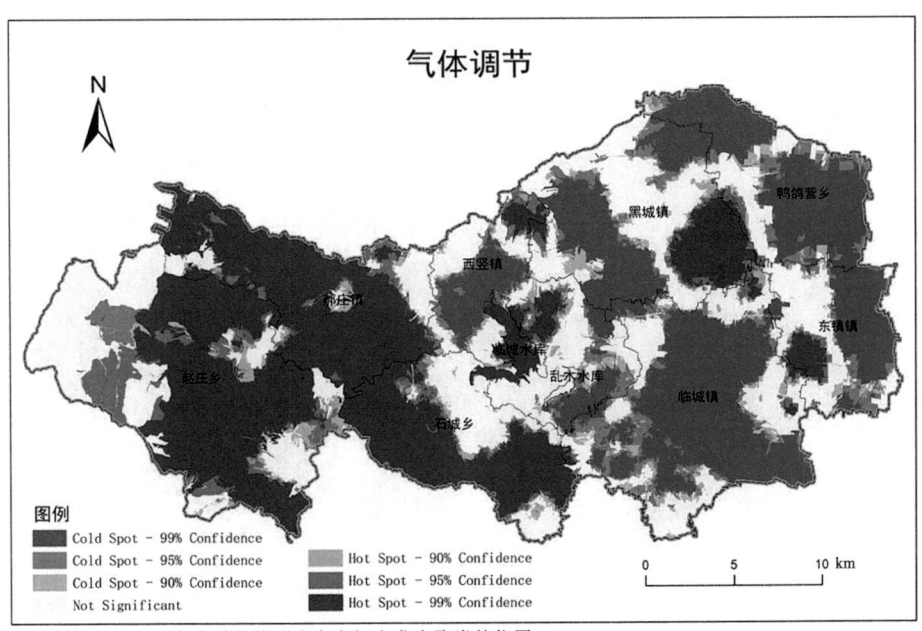

(b) 冷热点分布图

注：冷热点图显示高值或低值要素在空间上发生聚类的位置

图 4-15 临城县生态系统气体调节服务价值分布图

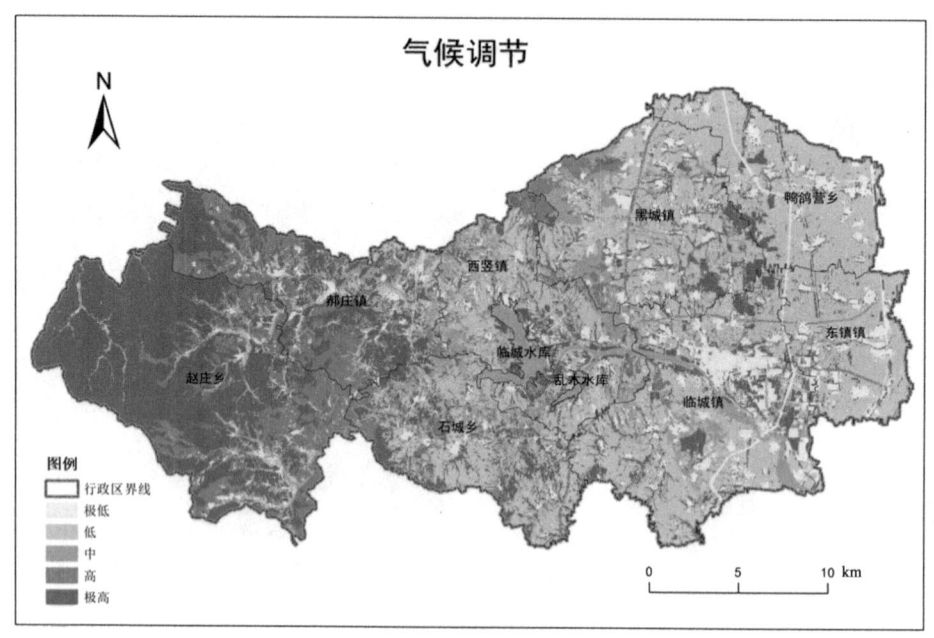

(a) 价值分布图

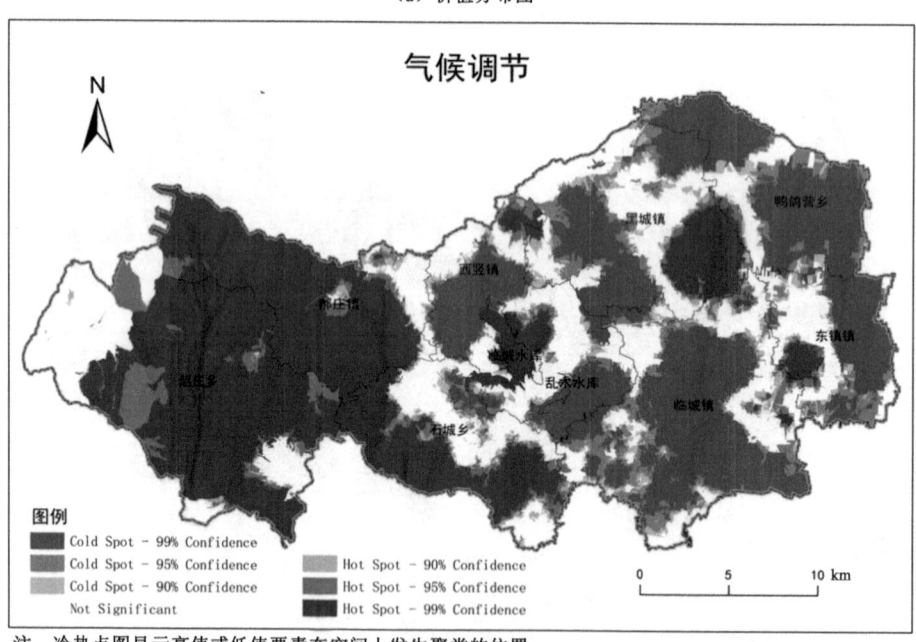

(b) 冷热点分布图

图 4-16 临城县生态系统气候调节服务价值分布图

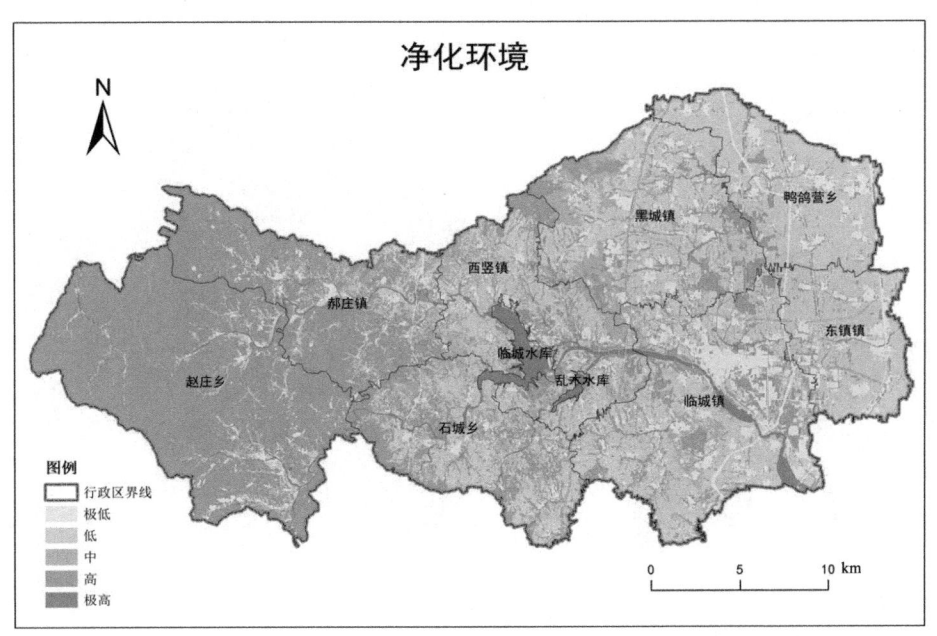

(a）价值分布图

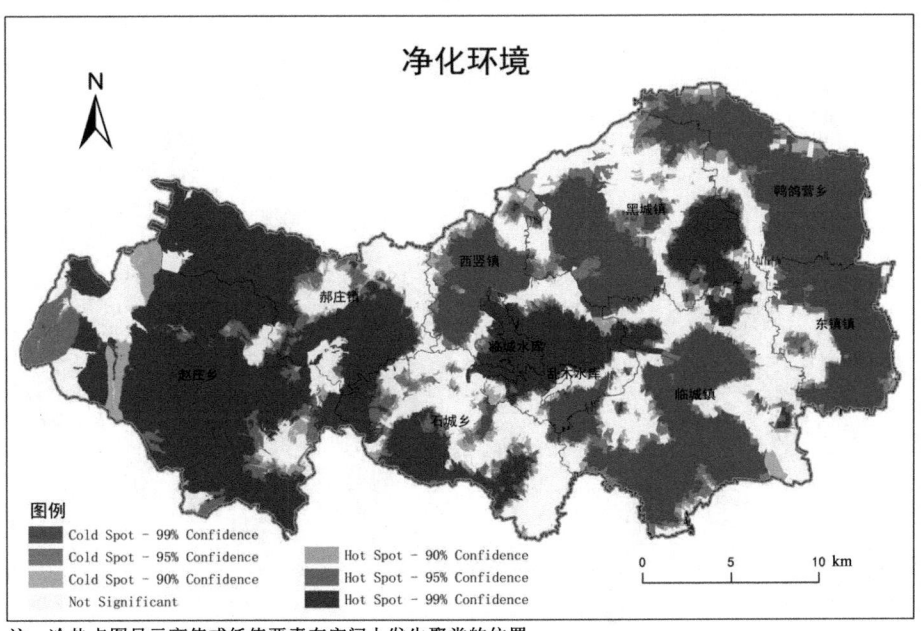

注：冷热点图显示高值或低值要素在空间上发生聚类的位置

(b）冷热点分布图

图 4-17　临城县生态系统净化环境服务价值分布图

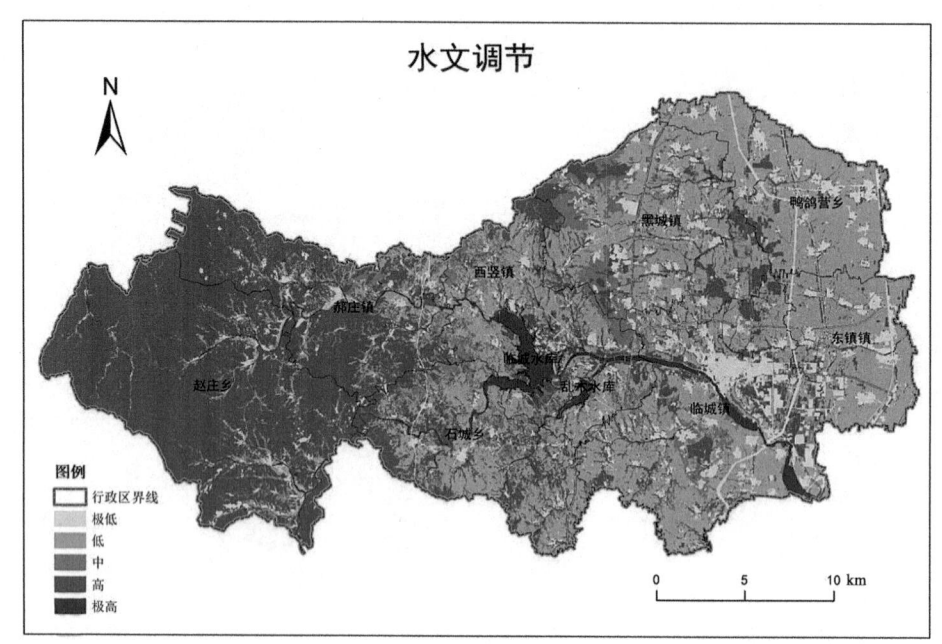

(a) 价值分布图

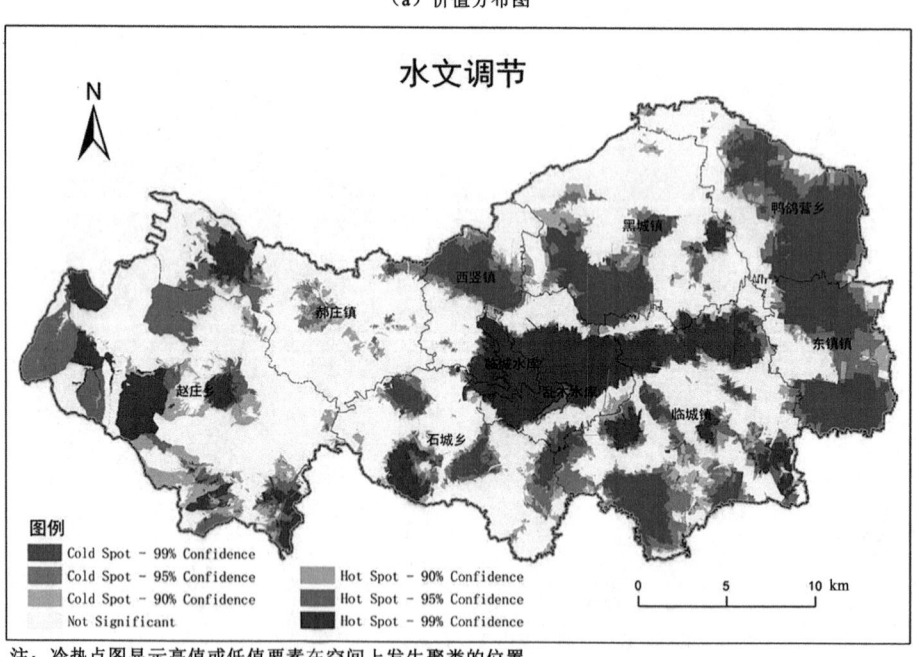

注：冷热点图显示高值或低值要素在空间上发生聚类的位置

(b) 冷热点分布图

图 4-18 临城县生态系统水文调节服务价值分布图

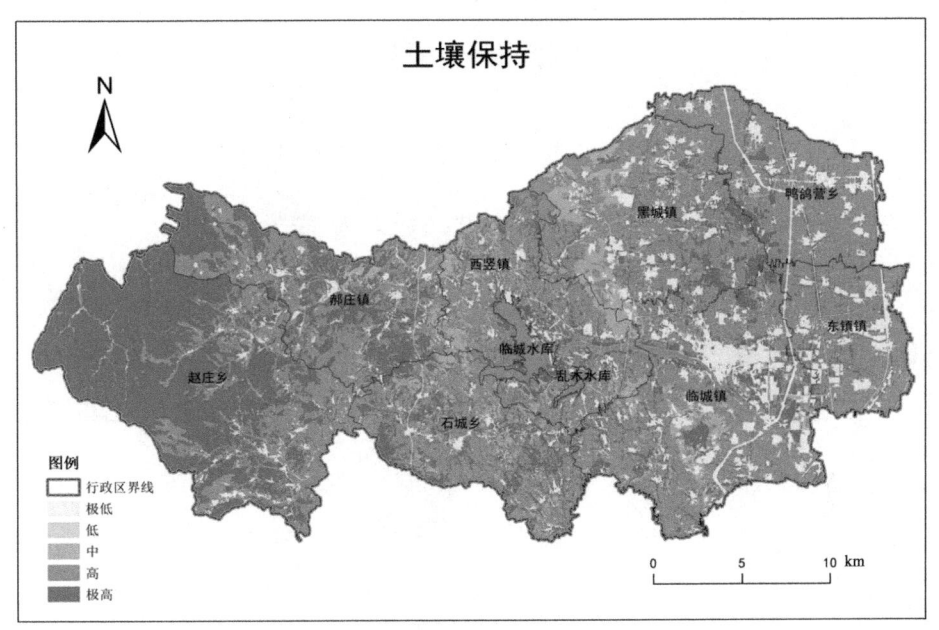

(a）价值分布图

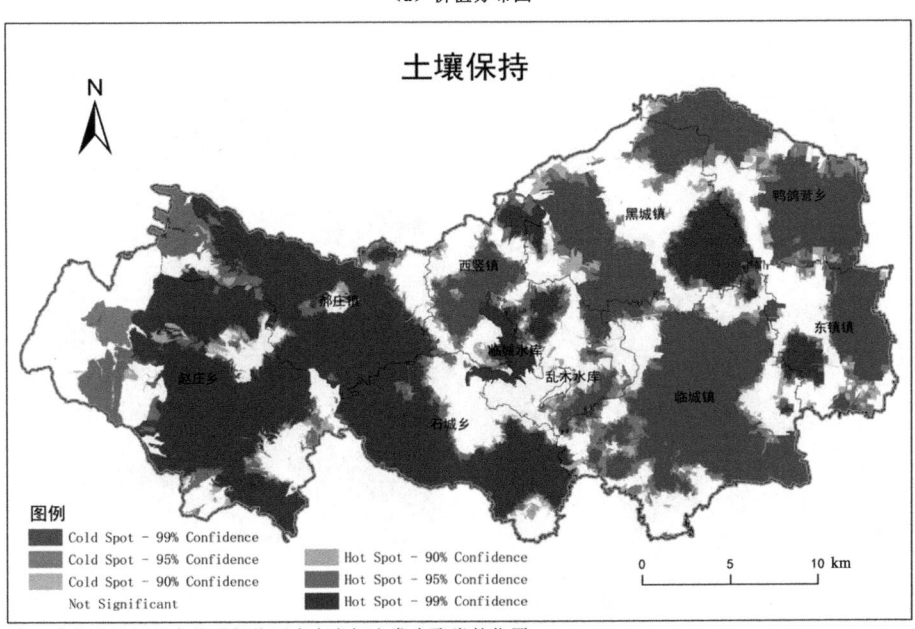

注：冷热点图显示高值或低值要素在空间上发生聚类的位置

(b）冷热点分布图

图 4-19 临城县生态系统土壤保持服务价值分布图

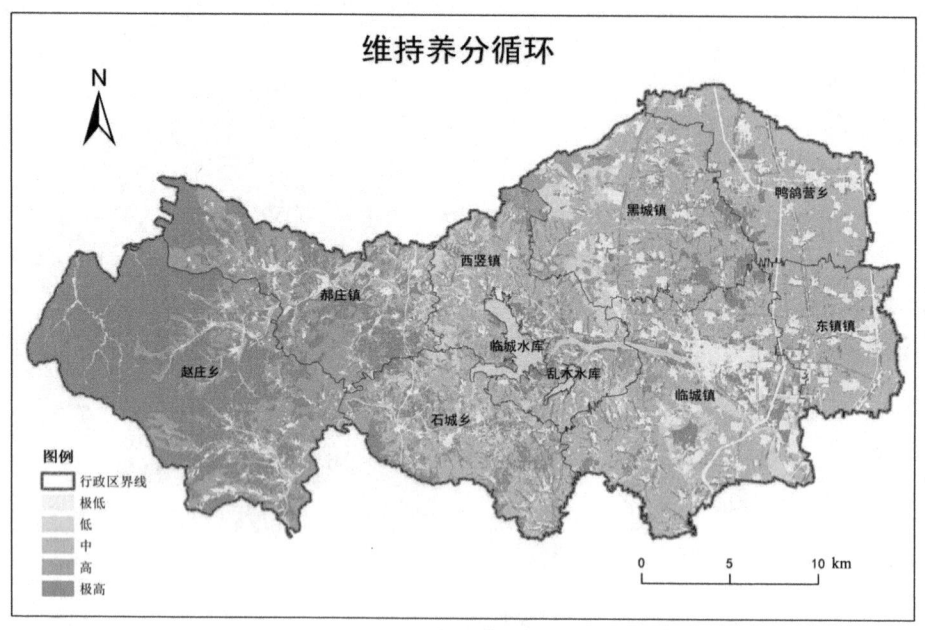

(a)价值分布图

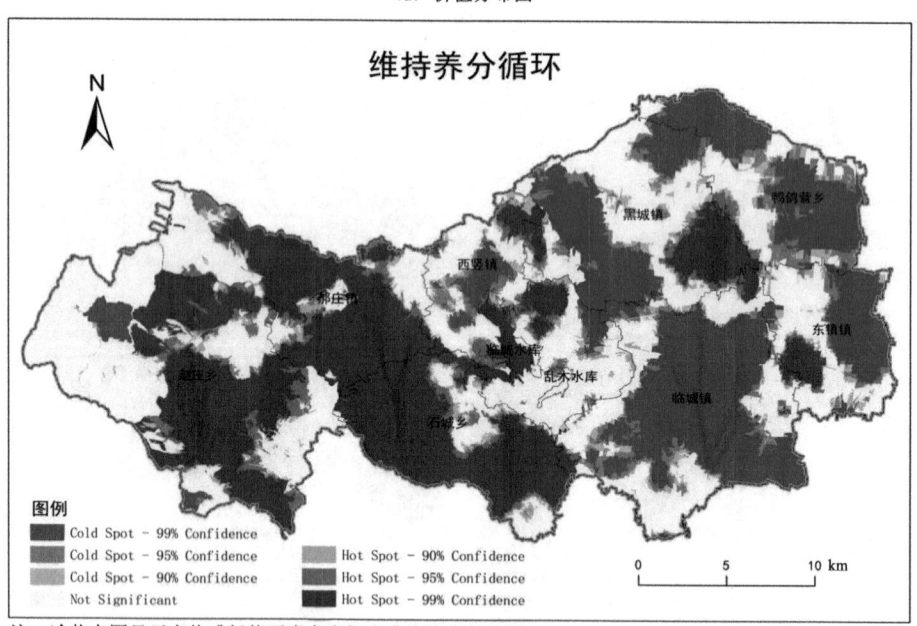

注：冷热点图显示高值或低值要素在空间上发生聚类的位置

(b)冷热点分布图

图4-20 临城县生态系统维持养分循环服务价值分布图

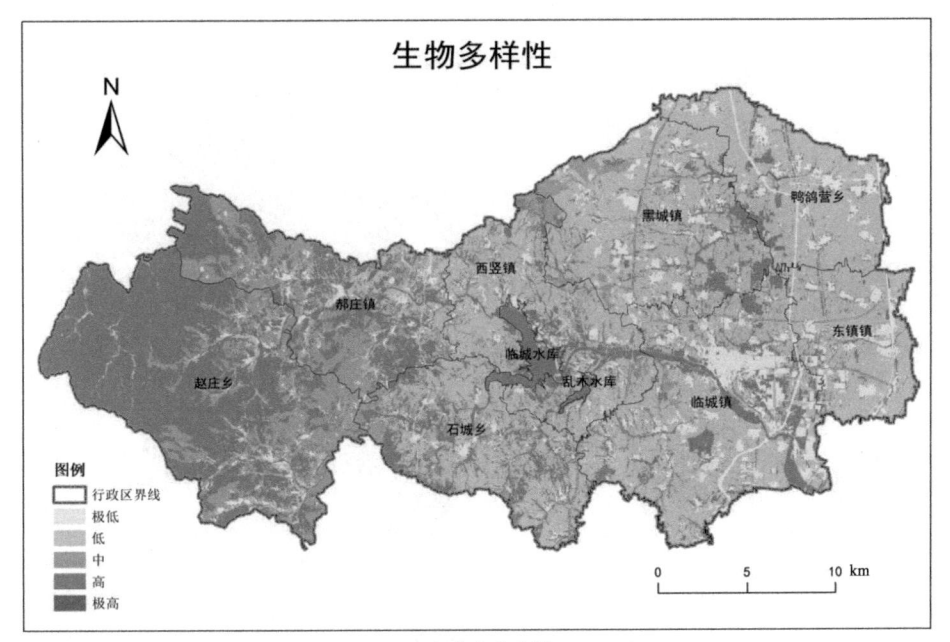

第四章 国土空间生态修复格局

(a) 价值分布图

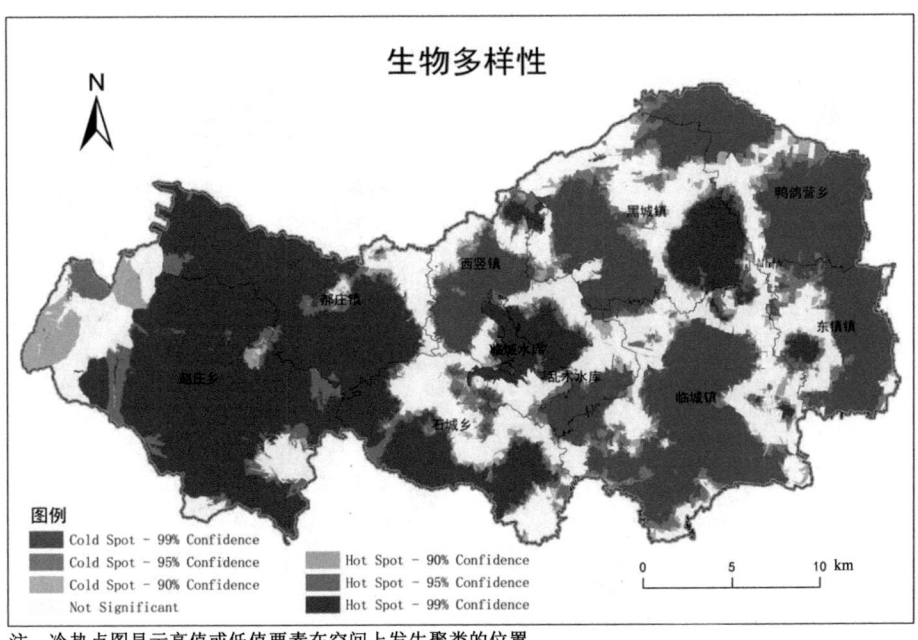

(b) 冷热点分布图

注：冷热点图显示高值或低值要素在空间上发生聚类的位置

图 4-21 临城县生态系统生物多样性服务价值分布图

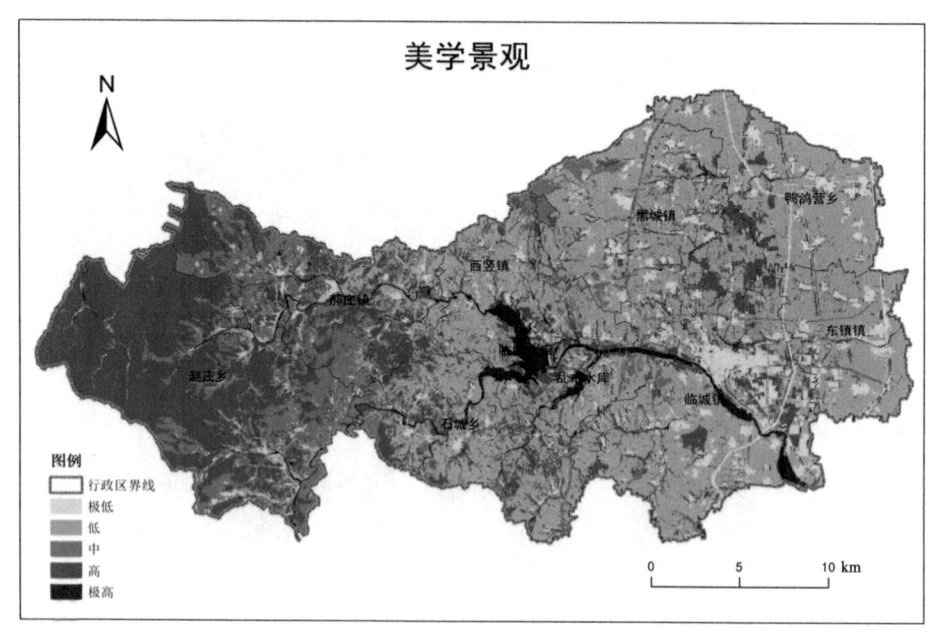

（a）价值分布图

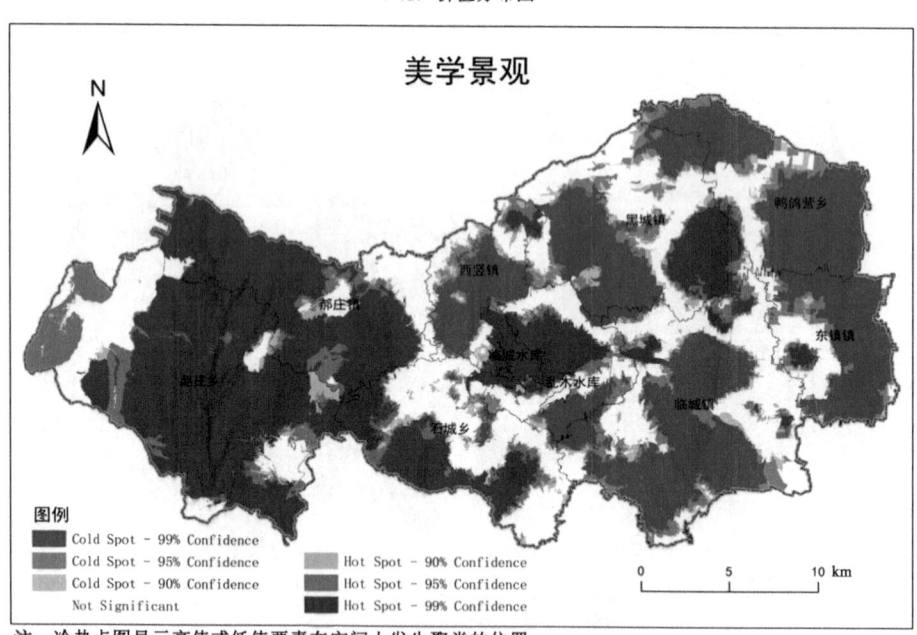

注：冷热点图显示高值或低值要素在空间上发生聚类的位置

（b）冷热点分布图

图 4-22 临城县生态系统美学景观服务价值分布图

气候调节服务的高值区主要位于临城镇西部山区,该区以林地生态系统为主,可以有效减少区域水分的损失,而且还有减弱气温急剧变化的功能,低值区主要位于东部地区,该区地势平坦,多为农田和建设用地。

净化环境服务的高值区主要位于临城镇西部山区和中部临城水库地区,该区土地利用以林地为主,可以有效净化环境,低值区主要位于东部人口密集地区,该区地势平坦,多为农田和建设用地,人类活动频繁。

水文调节服务的高值区主要位于临城镇中部临城水库、乱木水库地区和泜河流域,该区水资源丰富,低值区主要位于东部地区,该区人口密集,受人类活动影响,水资源较为紧缺。

土壤保持服务的高值区主要位于临城镇中部临城水库和西部郝庄镇、石城乡、赵庄乡部分地区,该区以森林生态系统为主,缓解水土流失问题,低值区主要位于东部人口密集地区,该区地势平坦,多为建设用地,水土流失较为常见。

维持养分循环服务的高值区主要位于临城镇中部临城水库和西部郝庄镇、石城乡、赵庄乡部分地区,该区生态本地较好,以林地生态系统为主,低值区主要位于东部人口密集地区,土地利用以建设用地为主。

生物多样性服务的高值区主要位于临城镇中部临城水库和西部郝庄镇、石城乡、赵庄乡部分地区,该区生态本地较好,有效保护生物多样性,低值区主要位于东部人口密集地区,该区土地利用主要为建设用地,人类活动频繁。

美学景观服务的高值区主要位于临城镇中部临城水库和西部郝庄镇、石城乡、赵庄乡部分地区,该区生态本地较好,以林地生态系统为主,自然景观较为常见,低值区主要位于东部人口密集地区,该区土地利用主要为建设用地。

(三)分区结果

从宏观上考虑临城县自然气候、地理特点,分析生态系统类型和生态系统服务类型,评估生态服务功能重要性,耦合社会经济发展战略,划分了临城县生态修复一级分区 2 个,分别为太行山生态修复区、低平原生态修复区;二级分区 7 个,分别为三峰山生物多样性保护与水源涵养区、中西部太行山水土保持区、中部农业生态区、临城水库水域环境生态修复区、中东部矿山生态修复区、南水北调工程水域环境生态修复区、东部城镇高质量发展与生态提升区(图 4-23、表 4-7)。

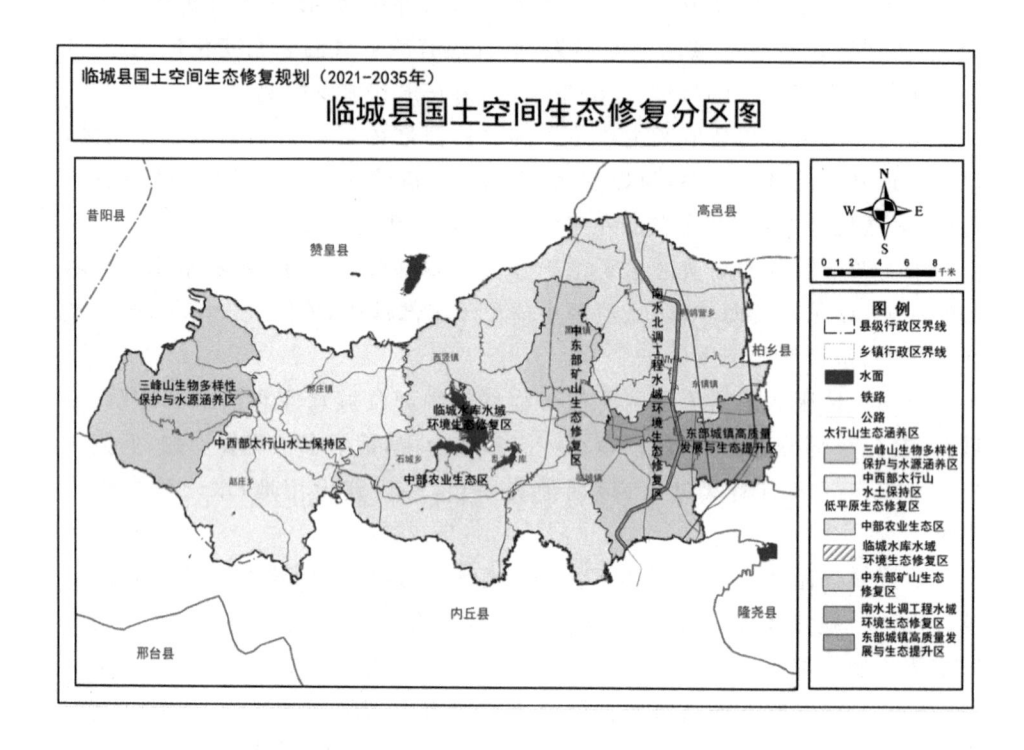

图 4-23 临城县国土空间生态修复分区图

表 4-7 临城县国土空间生态修复分区表

编号	一级分区	二级分区	面积/hm²
1	太行山生态涵养区	三峰山生物多样性保护与水源涵养区	9 270.68
2		中西部太行山水土保持区	16 536.74
3	低平原生态修复区	中部农业生态区	36 590.43
4		临城水库水域环境生态修复区	905.91
5		中东部矿山生态修复区	9 507.37
6		南水北调工程水域环境生态修复区	690.35
7		东部城镇高质量发展与生态提升区	4 755.16

三、临城县生态基础设施网络的构建

（一）生态基础设施网络的构建原则

生态基础设施网络构建有利于土地资源可持续发展,对人类、动植物及社会经济发展有积极指导作用,其构建原则如下:

(1) 统筹协调,加强衔接。与临城县国土空间规划中对生态网络的相关要求相衔接,进一步对生态基础设施网络进行规划。

(2) 问题导向,因地制宜。立足临城县的自然地理格局,因地制宜合理确定廊道的级别与数量,并提出绿色基础设施的构建策略。

(3) 保护优先,保护与发展和谐共进。对于未开发土地以保护为基本原则,对于已开发地区要恢复与提高自然系统功能,通过保护现有林地和创造新的林地和森林形成绿色基础设施系统。

(4) 保障连通性是关键。既包括功能上自然系统的连接,也包括社会系统的连接,将自然保护区、公园、自然遗留地、湿地、岸线等多要素进行策略性衔接,增强自然、社会和经济系统的整体性。

(5) 生态基础设施网络构建不受限于行政管辖,不因行政区划界线而随意改变。

（二）构建原理与思路

针对河道污染、水土流失、生物多样性和野生境减少等不利因素,设置具有综合功能特别是生态功能的廊道网络,全面推进全省城乡绿化、美化向纵深发展,减缓生境割裂造成的生态影响,保持全县范围内生物廊道的整体性、连续性与有效性。

（三）生态廊道的构成要素分类

1.交通道路型

结合高速公路、国道、省道、乡村机耕道路、城市交通道路、铁路等机动车道路及非机动车道路,在原来绿化、美化的基础上,分别从不同的角度进行完善,从环境生态学角度而言,需要保证有足够的宽度来达到防尘、防噪及环境方面的要求;从景观生态学角度而言,需要分析动物迁移的路线及方式,以便在适当的位置设置穿越通道;从游憩学角度而言,应根据景观需求及道路的性质与功能,在适当的位置以适当的尺度开辟出游人步行及活动的区域,并在交通快速干道上设置适当的人行天桥以供行人穿越,以此改变或减少因道路分割而产生的不利影响。

交通型绿道的设置在布局上主要体现三方面的作用:一是固土护坡、防尘、防噪声等生态防护功能,美化沿线景观环境;二是沿线的林带形成省域范围内的生物通道,并与其他类型的廊道实施有效连接;三是减少道路工程建设带来的生态负面影响。

2. 河流保护型

利用城市河流、小溪、泄洪道、水渠、海岸线、生态湿地等,在河流两侧留出足够绿地空间的基础上,对滨水空间做进一步的规划。首先,从分析水域空间与陆地空间的相互关系出发,考虑驳岸的处理方式、防洪要求等;其次,分析河流绿道内物种及栖地之间动物的迁移方式及生存方式;再次,合理协调人类活动与滨水区域的自然生态关系。规划既为附近居民,尤其是城市居民提供便利、宜人的游憩活动空间,也达到美化城市景观环境、形成宜人的线性环境的建设目标,且起到保护水资源、增强河流抗污染能力的重要作用,维护河流生态系统健康有序地运转,形成动物栖地网络的效果等。

3. 自然山脊型

这种生态廊道指的是沿着森林公园、自然保护区、风景名胜区的山脊线而建构的廊道,主要分布于临城县的西侧森林覆盖的区域,由于人为干扰相对较少,这类绿道的自然资源和生物资源极其丰富。据有关资料统计,我国70%的陆地生态系统、80%的野生生物和60%的高等植物,大多数在自然保护区内得到了较好的保护,临城县也不例外。因此有必要对这些区域进行生态廊道建设,对促进临城县全域的自然资源保护、促进生态安全具有极其重要的意义。

从生态学的角度来说,一定比例和数量的、大的、连续的自然斑块是自然保护的重要生境条件,因此,这种类型的廊道建设主要采用保护和控制手段,特别是控制区域内人的活动影响,通过游步道走向和宽度来控制区域内的人为干扰因素,使这些区域接近或达到无人为干预的目的。

(四)临城县的生态网络图

在衔接临城县国土空间生态修复规划的前提下,在临城县县域范围内一共安排了十二条生态廊道,其中包括七条交通道路型生态廊道、四条河流保护型廊道和一条生物生态廊道。交通保护型生态廊道分别是京广铁路生态廊道、石武高铁生态廊道、石邢公路生态廊道、太行山高速生态廊道、平涉线生态廊道、南郝线生态廊道、赵云大道生态廊道。河流保护型生态廊道分别是南水北调生态廊道、泜河生态廊道、午河生态廊道、小槐河生态廊道(图4-24、表4-8)。

第四章 国土空间生态修复格局

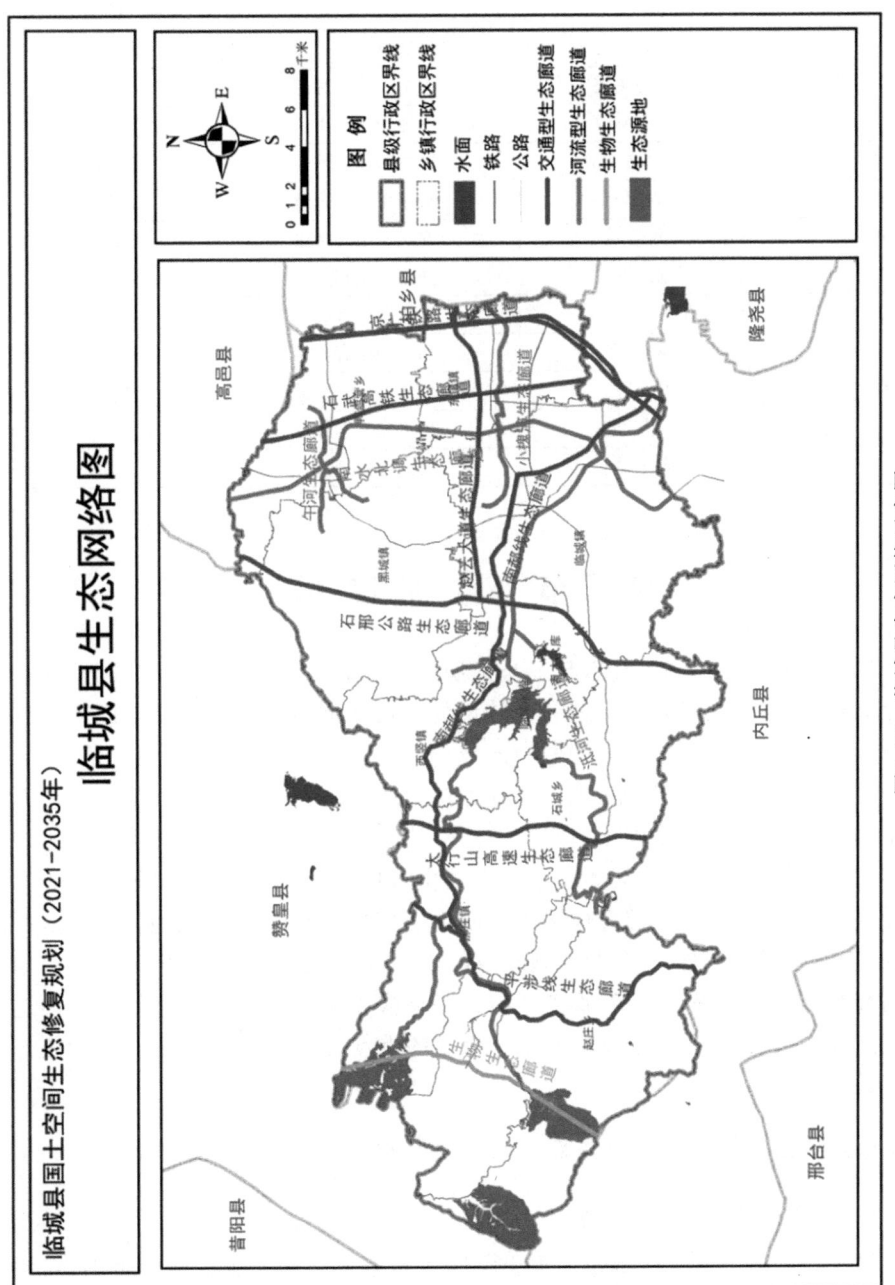

图4-24 临城县生态网络示意图

表 4-8 临城县生态廊道表

序号	名称	类型	长度/km
1	京广铁路生态廊道	交通型生态廊道	20.94
2	石武高铁生态廊道	交通型生态廊道	34.76
3	石邢公路生态廊道	交通型生态廊道	54.09
4	太行山高速生态廊道	交通型生态廊道	26.67
5	平涉线生态廊道	交通型生态廊道	21.76
6	南郝线生态廊道	交通型生态廊道	39.93
7	赵云大道生态廊道	交通型生态廊道	16.25
8	南水北调生态廊道	河流型生态廊道	27.48
9	泜河生态廊道	河流型生态廊道	77.05
10	午河生态廊道	河流型生态廊道	10.62
11	小槐河生态廊道	河流型生态廊道	12.67
12	生物生态廊道	生物生态廊道	14.46

第三节 重点区域

识别临城县土地利用转型状态与发展趋势，基于格局优化、效率提升、功能显化的整治目标，构建未来土地利用转型的标准与评价。基于国土空间生态修复分区的划分，针对不同类型问题的严重性评价，结合土地转型潜力评价等，系统梳理和深入分析测算思路，确定测算方法，依据生态问题紧迫性、重要性和系统整体性，明确不同类型国土空间生态修复的潜力区域，为明确国土空间生态修复方向打下基础。基于不同类型国土空间生态修复的功能分区，以地理区等为单元进行统筹，形成系统综合性国土空间生态修复重点实施区域；基于道路、行政区、三级流域等界线，划分封闭地理空间单元，以生态环境为本底条件，结合单元内部经济社会发展状况，对重点区域内不同类型的国土空间生态修复工程进行空间统筹，识别并划分国土空间生态修复的重点区域，系统构建国土空间生态修复的总体格局。

一、国土空间生态修复重点区域划定原则

（一）系统综合，空间统筹

国土综合整治重点区域作为国土空间生态修复工程实施的空间范围，对空间单元内不同类型的国土空间生态修复问题进行系统综合，而划定的系统、综合性的重点整治区域，实现国土问题在空间上的综合治理。

第四章 国土空间生态修复格局

（二）生态优先，系统整治

基于生态系统整体性，以山水林田湖草要素联动为基本单元实施综合整治，从源头上统筹解决生态系统修复问题。

（三）集约协调，空间均衡

基于生态资源承载力，以节约集约用地为核心，统筹安排开发活动，优化城乡建设用地结构布局，促进生产生活生态空间协同发展。

（四）保护与发展并重

坚持在发展中保护、在保护中发展，以修复退化生态空间为依托，以生态资源的持续多层次利用为基础，促进基础设施建设和产业转型，提高土地生态服务功能。

（五）整体推进，重点突破

重点区片的设置要突出特色，抓住重点。紧紧围绕生态系统的特点，以格局优化和生态功能提升为导向，针对土地低效、布局散乱、水土流失、矿山开采、水体污染、土壤污染、生物多样性脆弱等重点突出问题，立足长远、科学规划、因地制宜、科学合理设计工程项目，促进流域经济与环境可持续发展，促进人与自然和谐共处。

二、国土空间生态修复重点区域识别

国土空间生态修复重点区域是以国土空间的关联性和生态系统整体性为出发点，基于国土空间核心问题及其发生机理，以不同类型国土空间生态修复潜力区为依据，通过自然地理单元实现不同类型潜力区域的空间统筹，而划定的系统、综合性的重点修复区域。

（一）森林生态修复区识别

1. 森林质量提升潜力区

（1）森林生态质量评价

森林生态质量评价是对一个复杂的、多属性的综合系统的评价，其设计的内容较多，考虑的因素也比较广泛，森林生态质量的好坏既体现了森林自身内部健康状况，也体现于其生态功能和森林景观的状况。需结合森林实际情况，在综合森林生态系统的基本结构功能、生物多样、景观生态学、生态经济学和可持续发展等基本理论的基础上，从森林健康、森林生态服务功能及森林景观稳定性三个方面构建多层次的森林生态质量评价体系（表4-9）。

表 4-9 森林生态质量评价体系

目标层	准则层	一级指标
森林生态质量评价	森林健康	功能稳定性
		系统活力性
		可持续性
	森林生态服务功能	涵养水源
		保育土壤
		固碳释氧
		积累营养物质
		净化大气环境
		保护生物多样性
	森林景观稳定性	地形敏感度
		景观适应度

(2) 评价结果

通过土地利用现状图提取森林生态系统栅格图,然后利用 ArcGIS 10.2 的栅格计算器,用每个指标与森林生态系统栅格图进行叠加,叠加之后每个图斑就产生各个指标的相应数值,这样就生成了森林生态系统单个指标栅格图;再对每个图层进行分类、分级和赋值;最后,将不同指标图层进行叠加,生成最终的森林生态质量评价结果。

(3) 森林生态修复重点区域

根据以上内容,确定森林生态修复的重点区域为三峰山森林生态修复重点区。三峰山森林生态修复重点区位于河北省西南部临城县境内,地处太行山主脉中段泜河上游。北部、西部与赞皇县嶂石岩省级自然保护区交界,南与内丘县毗邻,东南部从三峰山山脊沿上马山山脊经大沟、小米会、西长沟、东坡至马石垴,再沿山脊线向北与赞皇县交界处,涉及槐树庄村、梁家庄村、双石铺村、方脑村、魏家庄村、戎家庄村和寺台村 7 个行政村(表 4-10)。

表 4-10 三峰山森林生态修复重点区

重点区域	涉及区域	面积/hm^2
三峰山森林生态修复重点区	槐树庄村、梁家庄村、双石铺村、方脑村、魏家庄村、戎家庄村、寺台村	5 851.79

2. 生态修复目标

（1）以生态修复、环境保护为指导，紧紧围绕保护区生态环境面临的突出问题和矛盾，遵循自然规律和经济规律，全面保护区域资源、生物多样性及栖息环境，保持区域自然生态系统和景观的完整性。

（2）保护森林生态系统。完善天然林保护制度，强化天然林保护和抚育，健全和落实天然林管护体系，加强管护基础设施建设，实现管护区域全覆盖，全面停止天然林商业性采伐。继续实施森林管护和培育、公益林建设补助政策。严格保护林地资源，分级分类进行林地用途管制。

（3）推进森林质量精准提升。坚持保护优先、自然恢复为主，坚持数量和质量并重、质量优先，坚持封山育林、人工造林并举，宜封则封、宜造则造，宜林则林、宜灌则灌、宜草则草，强化森林经营，大力培育混交林，推进退化林修复，优化森林组成、结构和功能。

（4）促进区域森林蓄积增加，林分质量改善，提高防风固沙效果，提高生物多样性维持能力。恢复与重建部分受损生境，提升自然保护区能力建设水平，提高生物多样性维持能力。在生态修复、环境保护的前提下，积极开展自然生态科研工作，合理利用资源，增强自身造血能力，为保护区可持续发展注入新的活力。正确处理好近期和长远、局部与整体的利益关系，做好社区共管，促进区域社会稳定以及社会经济的持续发展，实现生态修复、自然保护与经济发展的良性循环。

3. 生态修复措施

三峰山森林生态修复重点区生态系统的组成成分比较复杂，高山、丘陵、峡谷、陡崖、河流阶地、水库并存，景观上森林、草甸、湿地交错分布，奠定了生态环境类型多样性的基础。

区内地貌类型特殊，形成了多雨湿润的气候条件，加上山高路险等因素，使得区域内生物资源破坏较小。保护区内共有高等植物108科393属698种，占河北植物总数（河北省植物总种数为2 800种）的25.9%。区内栖息着161种陆生野生脊椎动物，隶属于4纲18目54科109属，具有北方石质山区的典型特点。

区内的植被类型、区系成分等比较复杂，植被类型多样，并有一定的垂直带谱，分布有亚高山草甸、常绿针叶林、落叶阔叶林、灌丛5个植被类型24个群系，其中落叶阔叶林、针阔混交林、针叶林、灌丛等北温带区域的地带性植被在北方山区尤其是太行山区具有典型的代表性。

由于三峰山为省级自然保护单位，所以不适宜大力开发建设，禁止在风景名胜区内进行侵占山体水面的建设活动。宜以生态保护为主，进行适当的保护性旅游开发。

通过封山育林和人工辅助措施加快对保护区内生态系统相对薄弱的地段进

行植被恢复工程建设。在突出生态修复、环境保护的同时,利用保护区自然资源和生态景观,适度开发生态旅游和多种经营,增强保护区的自身造血能力,充分发挥保护区的多功能效益,使保护区事业发展进入良性循环轨道。

（二）水土保持生态修复区识别

1. 水土流失防治潜力区

（1）评价方法

参照原国家环保总局发布的《生态功能区划暂行规程》,根据通用水土流失方程的基本原理,选取降水侵蚀力、土壤可蚀性、坡度坡长和地表植被覆盖等指标对水土流失敏感性进行评价。公式如下：

$$SS_i = \sqrt[4]{R_i \times K_i \times LS_i \times C_i} \tag{4-3}$$

式中　SS_i——i 空间单元水土流失敏感性指数；

　　　R_i——降雨侵蚀力；

　　　K_i——土壤可蚀性；

　　　LS_i——坡长坡度；

　　　C_i——地表植被覆盖。

（2）数据来源及处理

模型中所需的气象数据来源于中国气象数据网；生态系统类型数据由遥感影像解译获得,来源于中国科学院资源环境科学数据中心；土壤数据来源于全国生态环境功能调查数据库中国 1∶100 万土壤数据库；MODISNDVI 数据来源于美国国家航空航天局（NASA）的 EOS/MODIS 数据产品。

降雨侵蚀力因子 R_i：根据中国 100 个城市的 R 值（王万忠教授）插值计算获得。

地表植被覆盖度因子 C_i：通过建立归一化植被指数与植被覆盖度的转换信息,直接提取植被覆盖度信息。

$$C_i = (NDVI - NDVI_{soil})/(NDVI_{veg} - NDVI_{soil}) \tag{4-4}$$

式中　$NDVI_{veg}$——完全植被覆盖地表所贡献的信息；

　　　$NDVI_{soil}$——无植被覆盖地表所贡献的信息。

（3）评价结果

利用 GIS 的空间叠置分析功能将分析划分成果叠加,得到水土流失重点防治潜力区域最终成果。

（4）整治潜力区域划定

水土流失重点防治潜力区域确定为赵庄乡南部水土保持生态修复重点区,涉及围场村、张家庄村、虎道村、拳峪村、桐花村、魏家庄村、南沟村 7 个行政村（表 4-11）。

表 4-11 赵庄乡南部水土保持生态修复重点区

重点区域	涉及区域	面积/hm²
赵庄乡南部水土保持生态修复重点区	围场村、张家庄村、虎道村、拳峪村、桐花村、魏家庄村、南沟村	822.19

2. 生态修复目标

生态屏障和水土保持能力得到加强。区域森林蓄积增加,林分质量改善,防风固沙效果显著,水土流失得到综合整治,生物多样性维持能力得到提高。减少人类活动对生态环境的干扰,部分受损生境得到恢复与重建,生态系统功能显著恢复,生态环境质量明显改善,生态系统呈良性循环趋势。生态系统得到有效保护,初步实现生态保护与经济发展良性互动。全面提升河道生态环境,使河道生态景观得到有效恢复和保护,恢复和重建水体生态系统。生态保护修复项目实施体制机制得以突破。

3. 生态修复措施

修复措施主要以生态修复及水土保持为主,大力植树种草,恢复植被,通过调整产业结构,发展经济林果,提高植被覆盖率,改善生态环境;实施建设水土保持林、保土耕作等水土保持措施,封育治理、疏林补植等林业措施;村落垃圾收集处理、减少化肥和农药的使用等环保措施;建设河岸植被缓冲带,控制水土流失,减轻水质污染,提升水源涵养能力,恢复植被群落结构,为生物创造良好的栖息条件等。

(三)南水北调生态修复区识别

1. 南水北调工程生态修复重点区

依据中华人民共和国生态环境部办公厅制定的《河湖生态缓冲带保护修复技术指南》及相关规定的要求,南水北调渠道沿线两侧100 m范围内,要控制一切新建建筑,原有建筑对水体有影响的,要按规定拆除,并对此范围进行全面绿化,使绿化率达到80%上,确保南水北调水体不受污染,确定南水北调渠道沿线两侧100 m范围为南水北调工程生态修复重点区(表4-12)。

表 4-12 南水北调工程生态修复重点区

重点区域	涉及区域	面积/hm²
南水北调工程生态修复重点区	东渎村、梁村西街村、梁村南街村、方等村、沟里韩村、李家韩村、忠信村、辛安庄村、西辛安村、东洞村、西赵村、上庄头村、支角村、后留村、补要村、前留村、黑沙一村、北盘石村、解村、山下村、西贾村、薛家庄村、界沟村、上沟村、陈刘庄村	686.10

2. 生态修复目标

防止水土流失、降低甚至消除工农业污染,水质提升达标,渠道沿线两侧100 m 范围内控制一切新建建筑,原有建筑对水体有影响的,要按规定拆除,并对此范围进行全面绿化,使绿化率达到 80% 上,确保南水北调水体不受污染。

3. 生态修复措施

主要以渠道综合治理、渠道生态修复为主。一方面采取渠道整治、水环境整治等措施;另一方面采取生态修复措施,以改善水质和水文条件,增加渠道地貌和物种多样性,提升绿化率,恢复渠道生态廊道功能。

(四)矿山环境生态修复区识别

1. 矿产开发利用概况

临城县地下矿产资源类型有煤矿、铁矿、石膏矿、硫铁矿、铜矿、耐火黏土、铝土矿、石英矿等。其中煤矿主要分布在临城镇的贾村、城区周边一带和黑城镇。铁矿主要分布在赵庄乡、郝庄镇一带。石膏矿主要分布在临城镇的两口、山下一带。石英矿分布在赵庄乡的青羊头村,其他目前没有采矿权。硫铁矿主要分布在郝庄石楼村。铜矿分布在双石铺一带。耐火黏土主要分布在黑城竹壁、辛庄、牟村,还产于澄底、南程村。铝土矿主要分布在临城镇的南程村和澄底(图 4-25)。

矿产允许开采区内可能将进行采矿等活动,为了防止城市建设压矿,应限制在矿产允许开采区内进行大规模的城市建设。矿产限制开采区则是生态环境较为脆弱或生态服务功能较高,不适于进行矿产开采的地区。

2. 矿产环境评价与修复区识别

(1) 评价指标体系构建

本次评价选取矿山地质环境背景、矿山开发对环境的影响程度、矿山开发引起的次生地质灾害发育程度、矿山环境恢复治理难易程度等 4 项评价子系统,各子系统又细划为许多评价因子(表 4-13)。

以地形坡度等指标来反映矿山的地质环境背景,矿山开发对环境影响主要体现于土地利用类型的变化上,评价因子由中转场、固体废弃物、矿山建筑物、居民地和其他地类的分布密度组成,为了减少工作量,将林地、耕地、草地、荒地等类型合归为其他地类;矿山开发引起次生地质灾害发育程度主要由次生地质灾害数量和次生地质灾害规模组成,矿山环境恢复治理难易程度主要由矿山环境恢复治理难易程度和矿山环境恢复治理程度组成,将 12 个评判因子通过评判、赋值,然后根据其影响矿山环境的不同权重进行叠加,最后判定出矿山环境的相对好坏(表 4-13)。

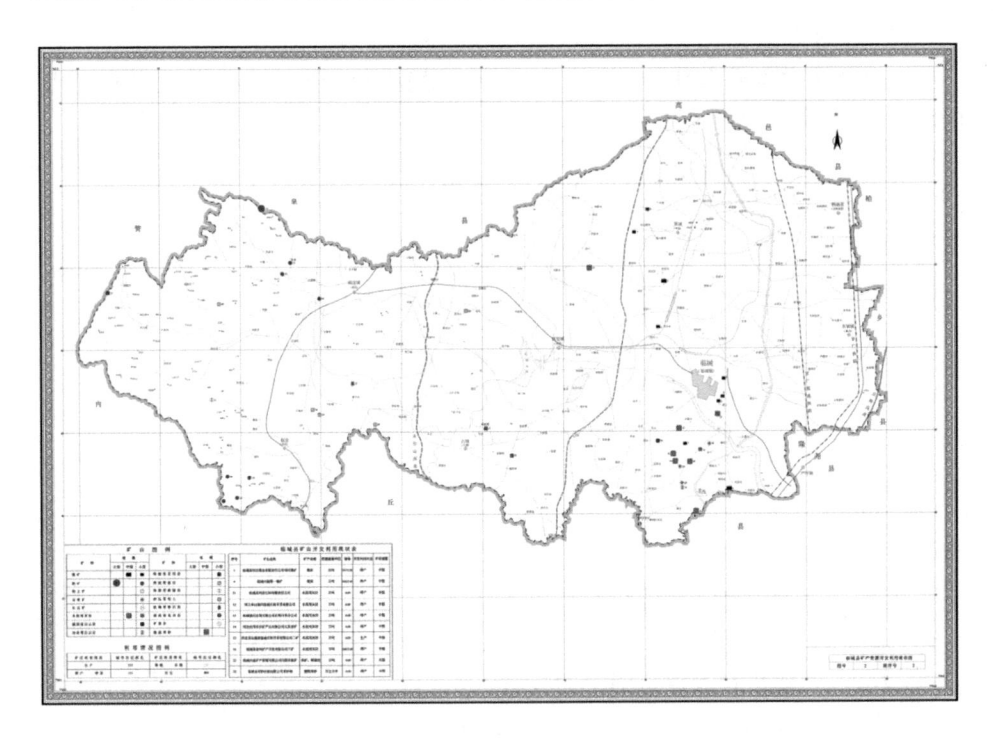

图 4-25 临城县矿产资源开发利用现状图（来源：临城县矿产资源总体规划2016—2020年）

表 4-13 评判因子表

子系统名称	子系统权重	评价因子	各评价因子权重
地质环境背景	0.15	地形坡度	0.35
		岩土工程地质条件	0.2
		构造复杂程度	0.45
矿山开发对环境影响程度	0.50	其他地类分布密度	0.15
		中转场地分布密度	0.22
		固体废弃物分布密度	0.25
		矿山建筑物密度	0.2
		居民地分布密度	0.18
矿山开发引起次生地质灾害发育程度	0.20	次生地质灾害数量	0.45
		次生地质灾害规模	0.55
矿山环境恢复治理难易程度	0.15	矿山环境恢复治理难易程度	0.6
		矿山环境恢复治理程度	0.4

(2) 评价方法

矿山环境质量受多种因素的影响,研究采用指数指标加权平均法进行矿山环境评价,计算方法:

$$V = \sum_{i=1}^{4} w_i B_i \quad (4-5)$$

$$B_1 = \sum_{i=1}^{n} \sum_{j=1}^{m} C_{ij} \frac{D_{ij}}{S_i} E_{ij} \quad (4-6)$$

$$B_2 = \sum_{i=1}^{n} \sum_{j=1}^{b} \frac{F_{ij} G_{ij}}{S_i} \quad (4-7)$$

$$B_3 = \sum_{i=1}^{n} \sum_{j=1}^{v} H_{ij} I_{ij} \quad (4-8)$$

$$B_4 = \sum_{i=1}^{n} \sum_{j=1}^{q} J_{ij} K_{ij} \quad (4-9)$$

式中　V——评价指数;

W_i——评价指标权重;

B_i——评价指标;

C_{ij}——地质背景评价因子的权重;

D_{ij}——地质环境评价因子的面积,m²;

S_i——评价单元格的面积,m²;

E_{ij}——地质环境因子的评分;

F_{ij}——矿山开发对环境影响程度评价因子的权重;

G_{ij}——矿山开发对环境影响程度评价因子的面积,m²;

H_{ij}——矿山开发引起次生地质灾害发育程度评价因子的权重;

I_{ij}——矿山开发引起次生地质灾害的发育程度评价因子的评分;

J_{ij}——矿山环境恢复治理评价因子权重;

K_{ij}——矿山环境恢复治理评价因子的评分;

N——评价单元格数(1~1 050);

m、b、v、q——评价因子数(1~10)。

(3) 评价结果及整治潜力区确定

根据以上内容,确定矿山生态修复重点区为临城镇岗西—磁窑一带矿区生态修复重点区、黑城镇董家庄灰岩矿矿区生态修复重点区、郝庄乡石窝铺矿区生态修复重点区、赵庄乡南沟铁矿矿区生态修复重点区和石城乡西部超贫磁铁矿及板岩矿矿区生态修复重点区(表4-14)。

表 4-14 矿山生态修复重点区

重点区域	涉及区域	面积/hm²
临城镇岗西—磁窑一带矿区生态修复重点区	东柏畅村、东程村*、乱木村、东升村、北台村、南程村、水南寺村、东台村、西台村、贾家崇村、解村*、山下村、南台村、北驾回村、西贾村、薛家庄村*、中驾回村、两口村、上沟村、磁窑沟村、陈刘庄村	2 116.85
黑城镇董家庄灰岩矿区生态修复重点区	西牟村*、辛庄村、董家庄村、闫家庄村、竹壁庄、李家庄村、赵家庄村、北白鸽井村、北沟村*、王家庄村、山口村、胶泥沟村、西双井村、祁村、瓮城村*、东竖村、山南头村	2 626.33
郝庄乡石窝铺矿区生态修复重点区	阎家庄村*、皇迷村、石窝铺村、郝庄村*、驾游村、岭西村、下围寺村、石家栏村*	1 059.59
赵庄乡南沟铁矿矿区生态修复重点区	南沟村、店西峪村、上贯峪	449.10
石城乡西部超贫磁铁矿及板岩矿矿区生态修复重点区	土寨村、南灰山村、李家村、田家庄村、李子峪村、金家峪村、鹿庄村、白ो峪村、上红鹤村、青羊头村、下红鹤村、东台峪村2、西台峪村、东岩峪村*、东台峪村、上炉子沟村、下炉子沟村、路家洞村、卜连庄村、赵庄村*、寺庄村、南台峪村、石城村、西沟村、安上村、鸡亮村、郭庄村、李庄村	5 768.74

注：标注*村落为重点区涉及极少部分村域。

3. 生态修复目标

根据探明的矿产资源储量、矿产开采现状、资源供给安全、环境承载能力和生态文明建设要求，合理开发利用矿产资源；调整优化资源利用结构和布局，提高资源利用效率，使资源持续供给，为全县经济快速、健康发展提供支撑。

矿产开发保持合理水平。对主要矿种实行开采总量控制，实现矿产开采规模与储量规模相匹配，开发产能向开发基地聚集。矿产资源开发利用布局和结构进一步优化，通过矿山资源整合，减少小型及以下矿山的数量，增加大中型矿山数量。实现矿山规模结构优化、矿业绿色转型。矿产资源开发利用与保护水平进一步提高，矿产资源利用效率保持较高水平。矿山地质环境保护与生态修复取得新成效。加强监督管理工作，最大限度减少或避免因开采矿产引发的矿山地质环境问题。

全县矿产资源勘查开发布局更趋合理，资源利用更加高效，矿产资源保障能力进一步提升，矿业实现转型升级和绿色发展。矿产资源开发利用布局、结构与方式更加合理，综合利用能力显著提升，矿山地质环境恢复明显好转。历史遗留矿山地质环境和水土流失问题得到综合整治，有效减少矿山地质灾害。

4. 生态修复措施

明确修复目的，制定分类修复策略，保障矿山生态修复项目有效实施，提高修复资金利用的合理性,需从整体规划与区域统筹层面对矿山生态修复目的进行明确,并进一步通过中观层面规划、微观层面设计进行完善和优化。从功能分区角度进行需求分析,从土地资源供应能力进行供给分析,两者相耦合从而明确矿山修复目的。土地资源供应能力较强的矿山,可维持其功能分区的土地利用程度,并根据资源条件进行深化;土地资源供应能力一般的矿山,可维持其功能分区或经过进一步定量分析降低其土地利用程度;土地资源供应能力较弱的矿山,适当降低其土地利用程度。

一般可将矿山修复目的根据土地利用程度的高低分为城镇集中建设类、一般农业类、林牧业发展类、特别用途类、生态保护类、基本农田类等不同类型(表 4-15),需分类制定修复策略。

表 4-15 矿山生态修复类型参考表

资源转化能力评估	矿山功能分区			
	城镇发展区	农业农村发展区	弹性预留区	严格保护区
较强	城镇集中建设类	一般农业类/林牧业发展类	特别用途类	生态保护类
一般	特别用途类/城镇集中建设类	特别用途类/一般农业类/林牧业发展类	特别用途类	
较弱	特别用途类/城镇集中建设类	特别用途类/一般农业类/林牧业发展类	特别用途类/生态保护类	

(1) 城镇集中建设类

此类矿山的土地利用程度较高,可将矿山进行符合要求的城市建设、旅游开发等,具有较高的人工干预程度。对于功能分区为城镇发展区且土地资源供应能力为一般、较强的矿山,可通过此种方式进行开发利用。

对于建设条件较好的矿山,适度进行土地开发建设,将生态修复与土地利用相结合,开发成商住用地、工业用地、仓储用地、物流园区等建设用地;同时,将废弃矿地资源进行资源化修复与能源化利用。项目工程主要包括勘测定界、道路工程、削坡工程、场地平整、截排水沟等。

近期重点优化城镇建设用地规模和用地结构,重点对闲置地、老城区、城中村、棚户区、旧工厂、老工业区进行改造开发,推动建设用地由增量扩张向存量挖潜转变。开展城市更新计划,加快棚户区和老旧街区改造,通过拆迁建绿、拆违还绿、破硬增绿、立体绿化等措施,积极拓展老旧城区、中心城区的绿色空间。对交通道路网络进行改造升级,加强省内外城市间的互联互通,为城市发展提供新动力。

远期优化城市内部自然格局,与生态保护红线对接,合理布局绿心、绿楔、绿环、绿廊等城市结构性绿地,构建城市绿色空间体系。结合本区域产业结构调整与转型升级,优化产业用地结构,提高工业用地利用效率,配置城市空间用地结构,拓展城市建设用地多功能属性。增加城市公共服务设施建设和城市文明建设投资,通过改善城市发展的软硬件环境提高城市宜居水平,进一步提升城市吸引力,促进城市高质量发展。

(2) 一般农业类、林牧业发展类

此类矿山可结合自身需求开展一定程度的土地利用,保留一定量的原矿山场地特征,并将其作为设计亮点进行景观打造,可作为耕地、园地、林地、牧草地等农林类用地使用。功能分区为农业农村发展区且土地资源供应能力为一般、较强的矿山,可通过此种方式进行适度开发。

近期统筹推进高标准农田建设、耕地质量提升、宜耕后备资源开发以及农田基础设施建设等工作,增加耕地数量,提高耕地质量;采取农艺措施调控、种植业结构调整、耕地污染治理和修复等综合措施,强化农田土壤与面源污染治理;推进工程与生物、农机与农艺、用地与养地相结合,实施以地力培肥、耕层构建、结构优化、养分平衡为主的土地保护综合技术模式和保护措施。实施生态型农田建设项目,通过实施土地平整工程、农业基础设施优化工程、农田防护工程等,构建农田生态景观,为发展观光农业提供优良条件。

远期加强缓冲带、过滤带、栖息地保护等生态景观化工程技术运用,恢复和提高生态景观服务功能。保护农田生物多样性,合理确定种养规模,建设完善生物缓冲带、防护林网、灌溉渠系等田间基础设施,恢复田间生物群落和生态链。依托现状连片的农田景观,开展农业观光休闲旅游,拓展生态休闲、体验观光等多种功能,适度发展农产品加工业,积极推进乡村生态旅游业,促进农村新产业新业态发展。

(3) 特别用途类

此类矿山短期可不进行开发利用,待后续条件成熟后再进一步明确其使用目的。基本保留原矿山场地特征,以自然恢复为主,辅以一定量人工干预,适度打造郊区开敞空间功能分区为弹性预留区且土地资源供应能力为一般、较强或功能分区为城镇发展区与农业农村发展区土地资源供应能力为较弱的矿山,可按此种方式进行保护利用。

实施封育技术,即通过设置栅栏、警示牌等避免人为活动,保证生态系统自我恢复。实施微生物技术,利用微生物强化生态系统自我恢复能力,促进植被生长、污染物的消除、土壤改良。充分利用种子库技术,促进先锋物种或固氮物种的生长以改良土壤。

重点关注矿业活动引发的地质灾害、地下水系统破坏以及生物多样性损失。应首先采取工程措施消除地质灾害隐患,优先采用自然恢复模式,恢复成生态用地或农用地。若不能自然恢复,应对矿区进行土地平整、污染消除、覆土回填、植被绿化,逐步恢复矿区生态,避免过度治理。

（4）生态保护类、基本农田类

此类矿山以保护为主,通过开展地质环境治理,实现场地复绿,恢复场地生态功能,不进行大规模开发利用。基本农田遵循相关要求进行有限度的耕种使用。功能分区为弹性预留区且土地资源供应能力为较差以及功能分区为严格保护区的矿山,可按此种方式进行保护。

近期通过水土保持和水源涵养林建设、林木保育、病虫害防治等一系列措施,提升森林生态系统稳定性。同时采取封禁保育、退耕还湿、治沙还湿、植被恢复、生态补水等生态保护措施加强森林、湿地保护,结合退耕还草、种草改土、种草治沙等措施,改善开荒草场带来的农业比例失调的问题,减轻人为干扰和复合压力。加强鸟类、鱼类、两栖类繁殖生境的营造,提高自然保护区和湿地管护、科研监测、科普宣教能力和管理水平,强化保护区的规范性管理。

远期重点依靠森林、草原、湿地等生态系统的自我调节能力和自组织能力使其向有序的方向自然演替和更新恢复。全面提高森林质量和生态系统功能,使区域森林蓄积增加,林分质量改善,全面提升林草湿地等生态系统的稳定性,增加区域生物物种多样性,为野生动植物提供休养生息的良好环境,发挥地区生态安全屏障作用。

（五）农业空间生态修复区识别

1. 农业空间质量评价

（1）农业农村空间基础评价

从自然基础和发展基础两个维度,选取森林覆盖率、生物丰度指数、交通通达度、耕地破碎度、聚耕比等 10 个指标,较为全面地反映出乡村发展空间基础水平。

由于指标的单位不同,为了使指标数据具有可比性,对指标数据进行无量纲标准化处理,处理后的指标值处于[0,1]之间。标准化计算公式如下:

$$正向: X'_{ij} = \frac{X_{ij} - \min\{X_j\}}{\max\{X_j\} - \min\{X_j\}} \qquad (4\text{-}10)$$

$$负向: X'_{ij} = \frac{\max\{X_j\} - X_{ij}}{\max\{X_j\} - \min\{X_j\}} \qquad (4\text{-}11)$$

式中 X'_{ij}——数据标准化处理后的指标值;

X_{ij}——第 i 个城市第 j 项评价指标的原始数值；

$\min\{X_j\}$、$\max\{X_j\}$——所有城市中第 j 项评价指标的最小值、最大值。

熵本是热力学概念，最初由申农引入信息论，称为信息熵，现已在工程技术、社会经济等领域得到十分广泛的应用。熵权法是一种客观赋权法，通过各指标的变异程度，利用信息熵计算出各指标的熵权，再根据熵权对每个指标的权重进行修正，得出较为客观的指标权重。

计算标准化后第 i 个城市第 j 项指标的比重（Y_{ij}）：

$$Y_{ij} = \frac{X'_{ij}}{\sum_{i=1}^{m} X'_{ij}} \tag{4-12}$$

计算指标信息熵（e_j）：

$$e_j = -k \sum_{i=1}^{m} Y_{ij} \times \ln Y_{ij} \tag{4-13}$$

计算信息熵冗余度（d_j）：

$$d_j = 1 - e_j \tag{4-14}$$

计算指标权重（W_j）：

$$W_j = \frac{d_j}{\sum_{j=1}^{n} d_j} \tag{4-15}$$

式中　$k=1/\ln m$，m 为评价城市数；

n——指标数。

基于上述指标体系，计算农业农村空间布局、农业农村空间两个维度各项指标得分情况，然后根据农业农村空间基础评价指标体系的权重和上述指数归一化的指标值，根据多因素综合评价模型对临城农业农村空间基础水平进行评价。

$$A = (\sum_{j=1}^{n} \omega_b \sum_{i=1}^{m} \omega_c) \times P_{ij} \tag{4-16}$$

式中　ω_b——准则层指标的权重；

ω_c——指标层的权重；

P_{ij}——归一化后指标的分值。

根据上述公式，计算出农业农村空间基础水平得分。

（2）土地资源评价

土地资源评价的目的是分析土地的农业耕作条件，即土地资源用于农业生产的适宜开发利用程度，主要考虑坡度、土壤质地等因素，评价时需扣除河流、湖泊及水库水面区域。

$$[农业耕作条件]=f([坡度],[高程],[土壤质地])$$

首先,利用 DEM 数据,计算地形坡度,按坡度≤2°、2°～6°、6°～15°、15°～25°、＞25°将全域划分为平地、平坡地、缓坡地、缓陡坡地、陡坡地 5 个等级,生成坡度分级图。其次,以坡度分级结果为基础,结合土壤质地,将土壤的粉砂含量≥80%区域,土地资源直接取最低等;60%≤粉砂土含量＜80%的区域,将坡度分级降 1 级作为土地资源等级。最终,将临城农业土地资源划分为高、较高、中等 3 级。

(3) 水资源评价

水资源评价的目的是分析农业供水条件,即区域水资源对农业生产的保障能力,通常以降水量表征,对于降水量难以全面反映区域农业供水条件的,可采用干旱指数或用水总量控制指标模数反映。

$$[农业供水条件]=f([降水量])$$

基于区域内及邻近地区气象站点长时间序列降水观测资料,通过空间插值得到多年平均降水量分布图层,降水量按照≥1 200 mm、800～1 200 mm、400～800 mm、200～400 mm、＜200 mm 分为好(很湿润)、较好(湿润)、一般(半湿润)、较差(半干旱)、差(干旱)5 个等级。

(4) 气候评价

气候评价的目的是分析农业光热条件,即光照、热量等自然气候条件对农业生产的支撑水平,通常以日平均气温≥0 ℃活动积温反映,也可进一步结合多年平均日照时数等进行评价。

$$[光热条件]=f([活动积温])$$

统计临城各气象台站多年日平均气温≥0 ℃活动积温,进行空间插值,并结合海拔校正后(以海拔高度每上升 100 m 气温降低 0.60 ℃的温度递减率为依据)得到活动积温图层。在此基础上,按活动积温≥7 600 ℃、5 800～7 600 ℃、4 000～5 800 ℃、1 500～4 000 ℃、＜1 500 ℃划分为好、较好、一般、较差、差 5 个等级。

(5) 环境评价

环境评价的目的是分析土壤环境容量,即土壤容纳重金属等主要污染物的能力,通过土壤污染风险等级高低反映。

$$[农业生产环境条件]=f([土壤环境容量])$$

综合临城及周边地区土壤污染状况详细调查等成果,进行各点位主要污染物含量分析,通过空间插值得到土壤污染物含量分布图,依据《土壤环境质量 农用地土壤污染风险管控标准(试行)》(GB 15618—2018),按土壤中污染物含量低于或等于风险筛选值、大于风险筛选值且小于等于风险管制值、大于风险管制值三种情况,将土壤环境容量相应划分为高、中、低3个等级,生成土壤环境容量分级图。

(6) 灾害评价

$$[气象灾害风险] = f([干旱灾害危险性],$$
$$[洪涝灾害危险性],[低温冷害灾害危险性])$$

气象灾害风险是指农业生产受到干旱、洪涝和低温冷害等与气象因子有关的灾害的影响程度、强度及其发生的频(概)率。

收集整理各类气候要素和气象灾害历史资料,根据单项气象灾害指标每年发生情况,统计发生频率,然后进行危险性分级,一般按照气象灾害的发生频率≤20%、20%~40%、40%~60%、60%~80%、>80%,将气象灾害危险性划分为低、较低、中等、较高和高5级。

(7) 评价结果及农业空间重点修复区

根据以上内容,确定农业空间重点修复区为石城南部农业园生态修复重点区和西竖镇国土综合整治重点区(表4-16)。

表4-16 农业生态修复重点区

重点区域	涉及区域	面积/hm²
石城南部农业园生态修复重点区	寺庄村、石城村、王家辉村、黄腊沟村、卜家辉村、魏家辉村、东代社村、西冷水村、耿家庄村、石匣沟村	2 142.13
西竖镇国土综合整治重点区	北沟村、水峪村、程阳村、下峪村、后砚台村、前砚台村、西营等村、瓮城村、东竖村、屯院村、北灰山村、山南头村、西竖村、中灰山村、北三岐村、南灰山村、东营等村2、西柏畅村、彭家泉村、东柏畅村、南三岐村2、乱木村2、乱木村、北中皋村2、南三岐村、上中皋村、南中皋村、北中皋村、东营等村	8 300.07

2. 生态修复目标

按照山水林田湖草系统治理和绿色发展理念,优化农业农村空间布局,整合资源,通过全域规划、全域设计、全域整治,形成"整体保护、系统修复、区域统筹、综合治理"的耕地保护生态修复工作格局。根据"多规融合"要求,合理划定农村生产、生活、生态用地空间,推动土地整治向规划管控和空间治理转变,逐步建成农田集中连片、建设用地集中集聚,努力实现用地布局有优化、耕地保护有提升、集约水平有提高、生态环境有改善、农民收入有增加新局面。

以科学发展观为统领,坚持保护资源、保障发展和保护环境,落实严格保护耕地和基本农田、节约集约利用建设用地的根本方针;加强耕地和基本农田的综合整治、建设高标准基本农田，适应经济发展要求，优化农业产业结构；保障城镇化、新型工业化、交通、能源、水利和旅游用地需求，形成"城镇高效、农村集聚、农牧和谐、生态友好"的土地利用模式；统筹城乡与区域土地利用，优化用地结构与布局，协调土地利用与生态保护建设。

（1）强化耕地质量建设、加强耕地数量管护措施

土壤环境污染得到有效缓解，中低产田整治成效显著，建设一批高标准农田。农田生态防护系统建设更加完善，耕地质量明显提升，耕地生产潜力显著提高。

（2）优化区域要素配置，重塑乡村空间结构

根据节约土地资源、优化土地配置、提高土地效益、促进经济发展的原则制定土地制度。针对目前农村土地利用存在的土地资源浪费、土地收益分配不公平等问题，从科学统筹的角度出发，实行严格的耕地保护制度，提升乡村土地节约集约利用效率，使乡村空间结构趋于合理。

（3）提升城乡人居环境，促进乡村绿色发展

① 推进土地整治与污染修复。围绕优化格局、提升功能，在重要生态区域内开展沟坡丘壑综合整治，平整破损土地，实施土地沙化治理、历史遗留工矿废弃地复垦利用等工程。对于污染土地，要综合运用源头控制、隔离缓冲、土壤改良等措施，防控土壤污染风险。

② 加强生态宜居工程建设。开展村庄绿化建设，大力发展珍贵树种、乡土树种，充分利用闲置土地开展植树造林、湿地恢复和经果林基地建设，重点加强房前屋后、进村道路、村庄四周等薄弱部位的绿化，构建多树种、多层次、多功能的村庄森林生态系统；完善田间农业废弃物回收处置体系，加强农作物秸秆综合利用。

（4）加强生态环境治理，提升乡村生态功能

加强退化林草的生态修复。实施保护天然林工程，禁止非保护性采伐，适宜地区开展退耕还林，保障南方沿江沿海沿湖地区生态安全，严禁陡坡垦殖和过度放牧，禁止无序采矿、毁林开荒等行为；同时加强自然保护区建设，建立和完善国家公园，加强对珍稀濒危物种拯救保护和重要生物多样性保护区的生态保护。

（5）强化水源涵养功能。加强水土流失预防与综合治理，在重点水源涵养区，严格限制影响水源涵养功能的各类开发活动，重建恢复森林、草原、湿地等生态系统，提高水源涵养功能，实施湿地恢复重大工程，积极推进退耕还湿、退田还湿，采取综合措施，恢复湿地功能，提升区域生态功能。

（6）增强水土保持能力。开展以小流域为单元的综合整治，对坡耕地相对集中区、侵蚀沟及崩岗相对密集区实施专项综合整治，最大限度地控制水土

第四章　国土空间生态修复格局

流失。

（7）加强生态屏障建设，提升生态功能。加强天然林、天然草场资源的保护，实施禁牧、限牧及退耕还林，提升区域水源涵养能力及生物多样性维持能力。合理调度流域水资源，严格控制新建水利工程项目，发展生态旅游业和非木材林产品产业，走生态经济型发展道路。

3．生态修复措施

针对农村地区农地斑块破碎化、农村建设用地粗放、人居环境不优、农业面源污染等问题，依据国土空间规划、国土空间综合整治与生态修复专项规划等，大力推进乡村全域土地综合整治，统筹低效闲置建设用地整理、农用地整理、工矿废弃地复垦及未利用地开发等，开展农村土地综合整治，优化生产、生活和生态空间，促进耕地绿色生产、生态产品供给、农民居住环境优化的协调发展，提高自然资源利用效率，提升农产品生产能力，优化乡村人居环境。对污染土地，重点做好源头控制，轻度污染以预防为主，中度污染以控制为主，重度污染以修复治理为主。

（1）实施农村土地全域整治，系统治理田水路林村

① 加强规划编制与实施。按照"产业兴旺、生态宜居、乡风文明、治理有效、生活富裕"的总要求，统筹土地利用、产业发展、居民点布局、人居环境整治、生态保护和历史文化传承，以农村土地全域综合整治为手段，推进村庄规划实施，合理安排各类整治项目，通过对农村零星耕地归整、散落村居撤并、农房拆旧建新、小微企业退散进集、废弃工矿地整治、生态环境修复，实现农田集中连片、建设用地集中集聚、空间形态高效节约的土地利用格局，改善农村生产、生活条件和生态环境。

② 注重乡村风貌、历史文化保护。注重保留乡村自然山水风貌，严格保护村落的格局、风貌、田园景观及空间形态，严格保护祠堂、牌坊等古老建筑，大力保护有传统历史、时代印记、文化标志、人文故事的乡土建筑，对基础设施、建筑内部使用功能加以适当改造，注重保留能体现当地传统、有特色的农耕文化和民俗文化，保护自然人文景观及生态环境，传承一批具有临城味道和地域特色的活态文化。

③ 因地制宜、分区（类）引导。根据临城县自然地貌特征、土地利用状况的不同，因地制宜、分区引导农村土地全域整治，结合农村全域土地综合整治规划，对不同类型村庄进行全域整治与生态修复。

（2）深入开展农用地整理，夯实现代农业发展基础

① 大力推进高标准农田建设。通过实施土地平整、灌溉与排水、田间道路、农田防护与生态环境保持等工程，对农田水利基础设施进行提升和改造；实施工

程、生物、农艺等措施,提高耕地质量,建成一批集中连片、设施配套、高产稳产、生态良好、抗灾能力强、与现代化农业经营方式相适应的农田,加快优质耕地规模化和集聚化,为保障全市粮食安全、发展现代化农业奠定坚实的物质基础。

② 防治土壤污染、修复土壤环境。加强农业面源污染防治,包括化肥农药减量控害、畜禽养殖污染防治、灌溉水水质管理和农业废弃物回收利用等。通过工程措施、生物措施和农业措施等方法治理土壤污染,开展以调节农田土壤酸碱度为核心的土壤环境改良工程,改善酸化土壤 pH 值;采取种植绿肥、秸秆还田、增施有机肥等措施,改善农田土壤环境,提升土壤环境容量和抗风险能力;对中、重污染物改种工业化利用为主的作物品种,实现边生产、边修复。

③ 加强农地生态景观塑造。保护、重建和提升农地生态景观功能,维护自然山水格局,顺应地形地貌,实施精细化、生态景观化的高标准农田建设,提高农业生态系统稳定性,实现农业可持续发展。加强沟、渠、路、边坡综合治理和农田防护林体系建设,优化农田生态景观。充分挖掘农耕文化的主要内核、形成过程、组成元素和表现形式,融入农地整理的方方面面,再现当地特色农耕文化场景,促进休闲农业和乡村旅游发展。

(3) 全面开展农村环境综合整治,建设美丽新农村

① 推进农村居民点撤并复垦。控制村庄建设用地总量,优化村庄用地布局,逐步对"小、闲、散、远"及发展潜力较弱的农村居民点实施撤并复垦,引导人口、资源要素向城镇和中心村流动,集中力量建设区位优势好、辐射能力强、经济基础好、人口规模较大、设施配套全的村庄集聚点;同时,将农村居民点复垦后与周边耕地进行集中连片整治,建设高标准农田,引导农业规模化经营。

② 加强村庄闲置、低效用地盘活。严格落实宅基地管理政策,提高宅基地利用效率;盘活村庄闲置、低效用地,用于农村基础设施和公共服务设施建设、商业、办公等复合利用以及新产业新业态发展;加强村庄产业用地整理,鼓励高消耗、低产出的工业企业"退二进三""退散进集",利用腾退出的土地发展乡村旅游、特色农业。结合城乡建设用地增减挂钩政策和农村土地制度改革,探索建立盘活农村存量建设用地的激励办法和宅基地有偿退出机制。

③ 完善基础设施和公共服务设施建设。按照统筹城乡、加快实现公共服务均等化的目标要求,继续加大农村基础设施和公共服务设施建设的投入;进一步配套农村道路建设、自来水供给、污水处理、公共交通、宽带网络、电气等基础设施;统筹建设农村社区综合服务中心,完善农村文化、体育、卫生、娱乐、培训、托老等公共服务设施和消防等防灾设施,改善农村生活条件。

④ 深化村庄环境综合整治。深化村庄环境综合整治,完成农村生活污水治理,普及农村生活垃圾分类处理,提高垃圾收集、污水处理普及率;加快河沟池塘

的清淤和生态化治理,改造建设公共厕所,建立健全农村环境卫生治理长效机制;开展农民危房改造,拆除农村违章搭建、破旧损坏的建筑;对村落空间进行整体美化,加强村内道路、公共空间、庭院空间的景观提升和绿化改造。

(六) 城镇空间生态修复区识别

1. 城镇空间适宜性评价

(1) 土地资源评价

土地资源评价主要表征区域土地资源对农业生产、城镇建设的可利用程度。针对城镇功能采用城镇建设条件作为评价指标,通过坡度、高程、地形起伏综合反映。

城镇功能指向的土地资源依照以下要素进行综合评价:

$$[城镇建设条件]=f([坡度],[高程],[地形起伏度])$$

城镇建设条件是指城镇建设的土地资源可利用程度,需具备一定的坡度、高程条件。对于地形起伏剧烈的地区,还应考虑地形起伏度指标。

基于数字地形图,计算栅格单元的坡度,按 $<3°$、$3°\sim8°$、$8°\sim15°$、$15°\sim25°$、$\geqslant25°$ 生成坡度分级图。参照《中国 1:100 万地貌制图规范》,结合临城地貌类型特点,将临城地形高程按照 $0\sim5$ m、$5\sim50$ m、$50\sim200$ m、$200\sim500$ m 和大于 500 m 的分级标准划分为平原、台地、岗地与低丘陵、高丘陵和低山五种地貌类型。

以坡度分级结果为基础,结合高程,划分城镇建设条件高、较高、中等、较低、低 5 级。将高程 $\geqslant5\ 000$ m 区域,城镇土地资源等级直接取最低等级;高程在 $3\ 500\sim5\ 000$ m 之间的,将坡度分级降 1 级作为城镇土地资源等级。

在地形起伏剧烈的地区,进一步通过地形起伏度指标对城镇土地资源等级进行修正。基于栅格精度为 20 m$\times20$ m 的格网,通过栅格与邻域栅格的高程差计算地形起伏度。邻域采用 21×21 邻域。对于地形起伏度 >200 m 的区域,将评价结果降 2 级作为城镇土地资源等级,地形起伏度在 $100\sim200$ m 之间的,将评价结果降 1 级作为城镇土地资源等级。

(2) 水资源评价

水资源是城市生存和发展的重要资源要素,是保障城镇建设的重要基础条件。针对城镇建设功能指向,利用区域水资源的丰富程度评价面向城镇建设功能指向的水资源状况。

$$[城镇供水条件]=f([水资源总量模数])$$

城镇供水条件是指区域水资源对城镇建设的保障能力,通常通过水资源总量模数表征,对于水资源总量模数难以全面反映区域城镇供水条件的,可采用用水总量控制指标模数反映。

水资源总量是指流域或区域内地表水资源量、地下水资源量扣除两者重复计算量后剩余量的代数和。其中,地表水资源量是指河流、湖泊、冰川等地表水体逐年更新的动态水量,即天然河川径流量;地下水资源量是指地下饱和含水层逐年更新的动态水量,即降水和地表水入渗地下水的补给量。

省级层面宜选用四级/五级水资源分区或以县级行政区为评价单元,按照水资源总量模数≥50万 m³/km²、(20~50)万 m³/km²、(10~20)万 m³/km²、(5~10)万 m³/km²、<5万 m³/km² 划分为好、较好、一般、较差、差5个等级。市县层面可结合区域国土面积、地形地貌、流域水系及行政边界等因素,确定小流域为评价单元,以充分反映本地水资源流域属性和空间变化差异。确定小流域水资源总量时,应充分利用已有调查评价成果,没有相关成果的可通过水文模型等方法进行计算。

对于现状供水结构中过境水源占比较大且仅通过本地水资源总量难以全面反映城镇供水条件的区域,可采用县级行政区用水总量控制指标模数计算。用水总量控制指标模数按≥25万 m³/km²、(13~25)万 m³/km²、(8~13)万 m³/km²、(3~8)万 m³/km²、<3万 m³/km² 分为好、较好、一般、较差、差5个等级。

(3) 气候评价

$$[城镇建设气候条件]=f([舒适度])$$

舒适度是指人类对人居环境气候的舒适感,用于反映温度、湿度等自然气候条件对城镇建设的适宜水平。

采用温湿指数表征,计算公式为:

$$THI = T - 0.55 \times (1-f) \times (T-58)(B-25) \tag{4-17}$$

式中 THI——温湿指数;

T——月均温度(华氏温度),℉

F——月均空气相对湿度,%。

计算步骤如下:

第一步,根据气象站点数据,分别计算各站点12个月多年平均的月均温度和月均空气相对湿度。

第二步,分别通过空间插值得到格网尺度的月均温度和月均空气相对湿度。根据式(4-17),计算出12个月格网尺度的温湿指数。

第三步,根据温湿指数,按照舒适度分级标准,划分舒适度等级,取12个月舒适度等级的众数作为该区舒适度。

(4) 环境评价

$$[城镇建设环境条件]=f([大气环境容量],[水环境容量])$$

大气环境容量是指在维持生态平衡且不超过人体健康要求的阈值条件下,

大气环境容纳主要污染物的相对能力;水环境容量是指在维持生态平衡且不超过人体健康要求的阈值条件下,水环境容纳主要污染物的相对能力。

[大气环境容量指数]＝f([静风日数],[平均风速])

根据评价区域内及周边地区气象台站长时间序列观测资料,统计各气象台站多年静风日数(日最大风速低于 3 m/s 的日数)以及多年平均风速,通过空间插值分别得到 1 km×1 km 的静风日数和平均风速图层,按静风日数占比≤5%、5%～10%、10%～20%、20%～30%、＞30%生成静风日数分级图,按平均风速＞5 m/s、3～5 m/s、2～3 m/s、1～2 m/s、≤1 m/s 生成平均风速分级图。取静风日数、平均风速两项指标中相对较低的结果,将大气环境容量指数划分为高、较高、一般、较低、低 5 级。

[水环境容量]＝[评价单元年均水质目标浓度]×[地表水资源量]

其中,评价单元年均水质目标浓度可结合实际,根据现有水功能区划或控制单元水质目标取均值进行确定。水质标准参照《地表水环境质量标准》(GB3838—2002)执行。

评价步骤:

第一步,大气和水环境容量计算。以行政单元或流域分区划定基础评价单元,按照上述方法进行大气和水环境容量计算。充分借鉴环境容量相关研究经验,并根据数据分布特征,将大气、水环境容量各指标按照单位面积强度划分为高、较高、一般、较低、低 5 个等级,并按各项指标评价结果的较低等级分别确定大气、水环境容量等级。最后,通过等级分布图空间叠加,生成大气、水环境容量分级图。

第二步,城镇建设环境条件等级划分。取大气环境容量、水环境容量两项评价指标中相对较低的结果,作为评价单元城镇建设环境条件等级划分结果,相应将城镇建设环境条件划分为好、较好、中等、较差、差 5 个等级。

(5) 灾害评价

[灾害危险性]＝max([地震危险性],[地质灾害易发性],[风暴潮灾害危险性])

灾害危险性是指城镇建设受到地震、地质灾害、海洋灾害等影响程度和可能性。地震危险性通过活动断层距离及地震动峰值加速度综合反映;地质灾害易发性主要通过崩塌、滑坡、泥石流、地面塌陷、地面沉降等地质灾害的易发程度反映;风暴潮灾害危险性主要通过风暴增水和风暴潮超警戒指标反映。

地震危险性:

第一步,活动断层距离分析。活动断层一般是指距今 12 万年以来有充分位移证据证明曾活动过,或现在正在活动,并在未来一定时期内仍有可能活动的断层;新活动断层是指距今 1.17 万年以来有过地震活动或近期正在活动,在今后

100年内可能继续活动的断层。根据活动断层分布图,按照活动断层距离划分为低、中、较高、高4级。其中,省级评价活动断层(12万年以来),市县级评价全新世(1.17万年以来)活动断层。

第二步,地震动峰值加速度评价。依据《中国地震动参数区划图》(GB 18306—2015)和《建筑抗震设计规范》(GB 50011—2010),确定地震动峰值加速度,分为低、中、较高和高4个等级。

第三步,地震危险性评价。取活动断层距离及地震动峰值加速度中的最高等级,作为地震危险性等级,将地震危险性划分为低、中、较高和高4个等级。

地质灾害易发性:

第一步,崩塌滑坡泥石流易发性评价。采用坡度、起伏度、地貌类型、工程地质岩组、斜坡结构类型、历史地质灾害发育程度等主要指标计算确定。可采用综合信息量模型方法,将易发性分为不易发、低、中、高4个等级。

综合信息模型是一定区域内所获取的与崩塌滑坡泥石流相关的信息的数量和质量,表示为:

$$I_{Aj \to B} = \ln \frac{N_j/N}{S_j/S} (j=1,2,3,\cdots,n) \tag{4-18}$$

式中　$I_{Aj \to B}$——标志 A 在 j 状态显示崩塌滑坡泥石流(B)发生的信息量;

N_j——具有标志 A_j 出现崩塌滑坡泥石流的单元数;

N——已知崩塌滑坡泥石流所分布单元的总数;

S_j——标志 A_j 的单元数;

S——单元总数。

当 $I_{Aj \to B} > 0$ 时,说明标志 A 状态 j 存在条件下,可以提供崩塌滑坡泥石流发生的信息,信息量越大,崩塌滑坡泥石流可能发生的概率越大;当 $I_{Aj \to B} < 0$ 时,表明标志 A 状态 j 存在条件下不利于崩塌滑坡泥石流的发生;当 $I_{Aj \to B} = 0$ 时,表明标志 A 状态 j 不提供有关崩塌滑坡泥石流发生与否的信息,即标志 A 状态 j 可以筛选掉,排除其作为崩塌滑坡泥石流预测因子。

由于每个评价单元受多因素综合影响,各状态因素组合条件下崩塌滑坡泥石流产生的总信息量可按下式确定:

$$I = \sum_{i=1}^{n} n \frac{N_j/N}{S_j/S} \tag{4-19}$$

I 值直接指示该单元产生崩塌滑坡泥石流的可能性,是崩塌滑坡泥石流易发性划分的关键性指标。

第二步,地面沉降易发性评价。利用地面沉降累计沉降量或年沉降速率确定易发性等级,按照就高不就低原则,满足一项即可划入对应的等级。

第三步,地面塌陷易发性评价。充分利用矿山地质环境、城市地质、岩溶塌陷等调查监测和评价成果,将地面塌陷易发性划分不易发、低易发、中易发、高易发4个等级。

第四步,地质灾害易发性评价。取崩塌滑坡泥石流、地面沉降及地面塌陷中的最高等级,作为地质灾害易发性等级,划分为不易发、低易发、中易发、高易发4个等级。

风暴潮灾害危险性:依据《风暴潮灾害风险评估和区划技术导则》,综合考虑风暴增水和风暴潮超警戒指标,计算各潮(水)位站风暴潮灾害年均危险性指数,将风暴潮灾害危险性划分为低、较低、较高、高4个等级。

(6)区位优势评价

$$[区位优势度] = f([区位条件], [交通网络密度])$$

$$[区位条件] = f([交通干线可达性], [中心城区可达性],$$
$$[交通枢纽可达性], [周边中心城市可达性])$$

$$[交通网络密度] = [公路通车里程]/[区域土地面积]$$

交通干线可达性是指在考虑不同交通干线(不含高速公路)的技术等级后,格网单元到各级交通干线的距离。按照格网单元距离不同技术等级交通干线的距离远近,从1到5打分,可结合区域特点适当调整。对各类指标进行加权求和集成,计算交通干线可达性,原则上各指标权重相同,但在实际操作中可根据本地情况予以调整。可在地理信息系统(GIS)软件中采用相等间隔法将交通干线可达性由高到低分成5、4、3、2、1五个等级。

$$中心城区可达性 = f([中心城区交通时间距离])$$

中心城区可达性反映格网单元与中心城区空间联系成本的高低,由中心城区交通时间距离得出,评价结果等间距分为五级。中心城区交通时间距离是指格网单元到现状中心城区范围的几何中心的时间距离。按照格网单元到现状中心城区的时间距离远近,从1到5打分。根据中心城区可达性评价分级参考阈值赋值,各级道路时速可结合地方实际情况而定,阈值可结合区域特点适当调整。具体计算方法:在确定各级道路的车速后,以中心城区几何中心点为源,可运用GIS软件中的网络分析工具,沿现状路网形成等时圈,根据等时圈覆盖情况评价格网单元赋值。

交通枢纽可达性,反映网络化发展趋势下城镇沿枢纽团块发展的潜力,是指格网单元到区域内航空、铁路、港口、公路、市域轨道交通等交通枢纽的交通距离。按照格网单元距不同类型交通枢纽的交通时间距离远近,从0到5打分。计算方法可运用GIS软件中的网络分析工具,以各交通枢纽为源形成等时圈。分级参考阈值可结合区域特点适当调整。对各类指标进行加权求和集成,计算交通枢纽可达性,原则上各指标权重相同,但在实际操作中可根据本地情况予以调整。可在GIS软件中采用相等间隔法将交通枢纽可达性由高到低分成5、4、3、2、1五个等级。

周边中心城市可达性:邻接中心城市的市县,要开展到中心城市的可达性评价,中心城市主要是指国家中心城市、副省级城市、省会城市以及其他具有较强辐射能力的地级市。可运用GIS软件中的网络分析工具,以中心城市的主城区中心为源做等时圈分析,确定各评价单元距离中心城市的可达性。

区位条件为交通干线可达性、中心城区可达性、交通枢纽可达性、周边中心城市可达性四个指标项的加权求和集成,原则上各指标权重相同,但在实际操作中可根据本地情况予以调整。在GIS软件中采用相等间隔法将综合优势度由高到低分成5、4、3、2、1五个等级。

(7) 评价结果及城市空间生态提升重点区划定

根据评价结果确定城镇空间生态修复重点区为新城区城市生态提升重点区(表4-17)。

表4-17 新城区城市生态提升重点区

重点区域	涉及区域	面积/hm²
新城区城市生态提升重点区	补要村、王庄村、东街村、黑沙一村、黑沙二村、东关村	263.91

2. 生态修复目标

(1) 建设城市生态防护、提升城市人居环境

通过植树造林工程建设,开展沿路、绕城防护林体系建设,加强绿色通道和林网建设,建设城市生态隔离防护带,有序推进城市更新,增加公共绿地面积;加大城区基础设施建设,加快老旧小区基础设施改造升级进度,加强环卫保洁和河道治理,实现常态化保洁;加强绿色通道和林网建设,促进城市生态修复。

(2) 提升城镇土地景观生态功能

优化城镇用地结构,提高生态用地比例,扩大城市生态空间,并加强绿心、绿道、绿网等建设,提升城市系统自我循环和净化能力;控制生产用地规模,减少碳排放,推进循环发展、绿色发展、低碳发展;保障生活用地,按照功能分区,合理配套建设居住用房、生活设施、公共服务设施等,创造宜居环境,提高城市生活质量。

3. 生态修复措施

(1) 完善顶层设计,保障生态修复政策规划先行

城镇空间生态破坏是由于资源过度开发、利用效率低下和奢侈消费等不利

行为损害了生态本身的规律性恢复。因此,要将维护自然和谐稳定安全作为新时期城镇空间生态修复顶层设计的逻辑起点,以受损、受破坏、不合理利用城镇空间修复治理为主线,整合现有各类要素生态修复的措施和手段,明确源头治理、协调治理、统筹治理的空间修复总目标,建立任务明晰、分工合理、模式多样及保障健全的实施体系,解决当前存在的认知不明确、技术不完善、数据获取难等现实问题,加快实现资源开发利用与生态系统之间的平衡稳定和可持续发展。

(2) 生态功能与城乡品质融合,推动城镇生态修复品质提升

要加强城镇与景观生态资源的互动,促进城镇生态功能和城乡品质融合,确保城镇生态效益最大化。以土地综合整治、净化城镇面貌作为主要手段,优化传统模式下的单一整治和生态修复,丰富生态空间的功能内涵,加强生态系统的保护和建设,精准对接满足市民的日常生态休闲需求,探索高度城镇化地区生态资源综合开发利用,积极发挥耕地、林地、湿地等生态资源的生态景观和休憩功能,统筹安排农田、林地等生态用地布局,做到基本农田和河流湖泊、山区、绿化带等生态资源为城镇生态环境带来持续性的根本品质提升。

(3) 抓住关键机遇,坚持有机更新,统筹推进城市更新改造

城市更新要坚持有机更新的原则。有机更新是运用历史的、文化的、自然的、生态的、特色的、连续的观点和方法进行城市的更新改造,追求自然与和谐,保留城市发展历史的连续性和完整性,延续城市的文脉,保护城市的特色。在城市的更新改造中要注意保留城市在各历史时期的典型建构筑物,以留下城市的发展轨迹,留下人们的记忆,保留城市的丰富性和多样性,增加可识别性。

旧城改造工作已在全国各城市中不同规模、不同程度地进行,它属于综合性的城市更新改造,是目前最普遍的一种形式。我国大多数城市的旧城一般就是城市的中心,是城市的精华所在。这里存在的问题也最多,也是城市建设中最富挑战性的工作。正因为如此,搞好旧城改造工作对整个城市的更新改造将是一次巨大的推动,还能从中汲取大量的经验为其他的城市更新改造工作提供有益指导。但是,城市更新改造不应只是采取大拆大建的方式,应采取多种形式,因地制宜,处理好更新、保护和利用的关系。老城区更新改造的重点之一是基础设施,水、电气等系统,这是保证被更新区充满活力的基本条件,也是满足人们现代生活需要的保证。同时,在城市更新中要注重发掘城市的内涵和价值,充分释放其历史和文化的价值潜能,激发旧城的社会活力。

(4) 结合海绵城市建设理念,提高城市建成区绿地率

一般情况下,未开发的自然绿地年径流量的外排率在 $15\%\sim20\%$,这是最好的自然海绵体。因此,只有尽可能地提高绿地率,才能确保开发后的地面径流系数接近于开发前的地面径流系数,才能减少雨水的外排量。所以提高城市建

成区的绿地率可以确保海绵体的总量,有利于海绵城市建设。因此,所有建设规划都应以保护绿地面积这一自然海绵体作为前提条件。我国要求园林城市建成区绿地率大于31%,国家生态园林城市建成区绿地率大于35%,海绵城市建设的绿化率不能低于这个标准,同时尽力提升绿化率。因此,海绵城市建设中应扩大绿地、水域等生态空间,合理规划建设各类城市绿地,推广立体绿化、屋顶绿化。开展城市山体、水体、废弃地、绿地修复,通过自然恢复和人工修复相结合的措施,实施城市生态修复示范工程项目,加强城市周边和城市群绿化,见缝插针植绿、建设口袋公园等,大力提高建成区绿化覆盖率。

(5)搭建信息交流平台,实现生态修复信息共享

除主要负责生态修复相关的指标监测职能在生态环境部门外,水利、城管、农业等部门也在空间生态修复中扮演重要角色。因此,要强化信息交流,充分发挥各部门职能并进行必要整合,冲破信息壁垒,将掌握的生态修复实施前后监测数据进行公开共享,加强对信息的对比和描述,提高修复数据的合理性和说服力,从而提升空间生态修复工作的准确性和科学性。

(6)强化机制保障,主动设计生态修复实施机制

以"规划、标准、执行、管护、监测"为工作整体流程和导向,全面协调布置生态修复规划实施机制,为解决区域间资源分布不均、制约整体协调发展的问题,合理配置各类生态要素和资源,研究跨区域生态保护与恢复功能布局及合作分工模式。生态修复工作要以城镇空间生态修复工程为主要动力,按照"源头预防、过程严控、后果严厉"的要求,在自然资源规划管理和使用控制的全过程中落实生态保护责任,变被动修复为主动保护,强化激励机制,提高社会力量参与生态修复和保护的力度,丰富城镇空间生态修复主要动力。

三、国土空间生态修复重点区域

根据分析,临城县国土空间生态修复重点区域为三峰山森林生态修复重点区、赵庄乡南部水土保持生态修复重点区、石城南部农业园生态修复重点区、西竖镇国土综合整治重点区、南水北调工程生态修复重点区、新城区城市生态提升重点区、临城镇岗西—磁窑一带矿区生态修复重点区、黑城镇董家庄灰岩矿区生态修复重点区、郝庄乡石窝铺矿区生态修复重点区、赵庄乡南沟铁矿矿区生态修复重点区和石城乡西部超贫磁铁矿及板岩矿矿区生态修复重点区(图4-26)。

第四章 国土空间生态修复格局

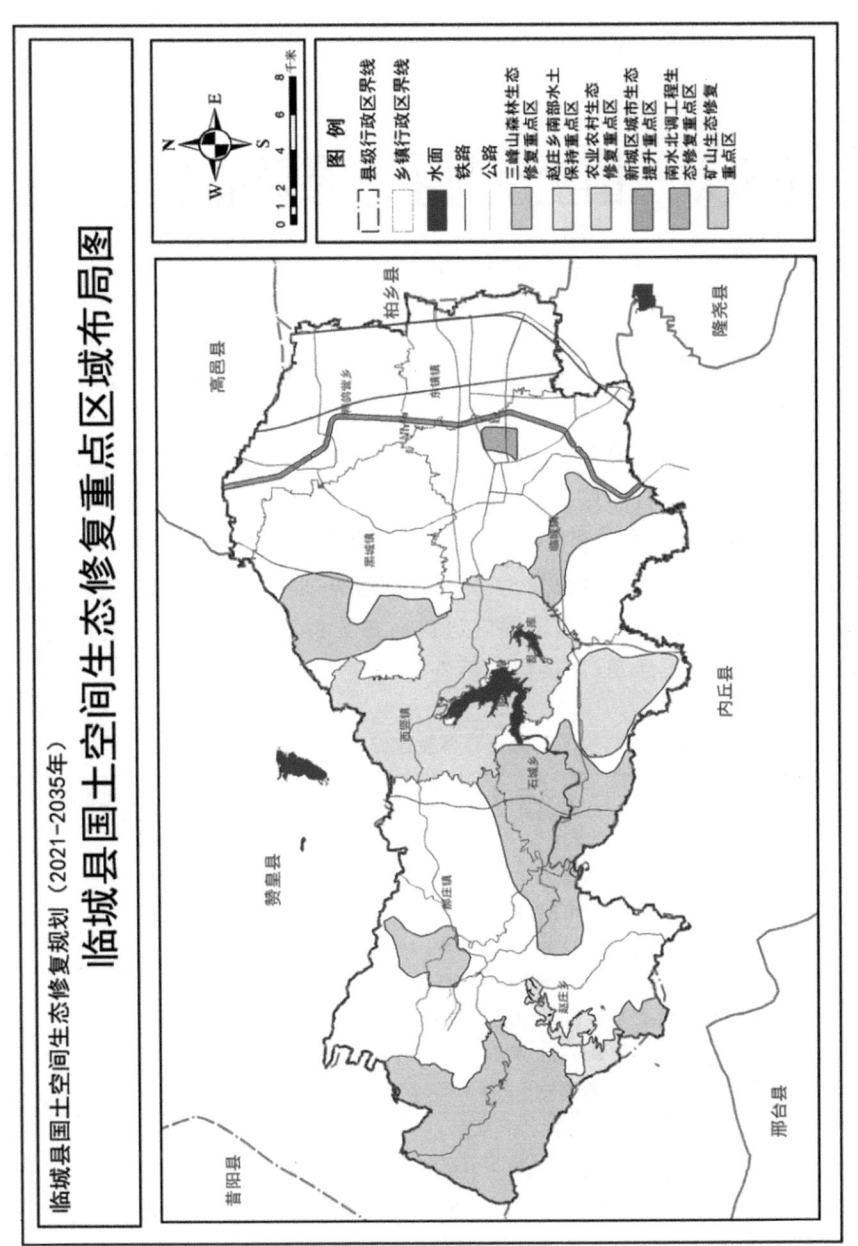

图4-26 临城县国土空间生态修复重点区域布局示意图

第五章　国土空间生态修复重点工程

第一节　三峰山森林生态修复重点工程

作为生态系统的重要基地,对控制区域生态功能有着重要战略意义。三峰山自然保护区为省级自然保护单位,所以不适宜大力开发建设。宜以生态保护为主,进行适当的保护性旅游开发。三峰山自然保护区由于矿产资源无序开发,导致保护区内有生态破坏现象发生,宜在保护性开发的同时,注重生态系统的结构与功能恢复。加快实施景区范围内退耕还林工程,禁止在风景名胜区内进行侵占山体水面的建设活动,严格控制污染源的形成(表5-1)。

表5-1　三峰山森林生态修复重点工程

序号	工程内容	实施区域	建设时序
1	三峰山森林生态保护保育工程 全面停止天然林商业性采伐,严格保护林地资源,分级分类进行林地用途管制,利用保护区自然资源和生态景观。清理外来物种,利用本土树种加强林木栽植,进行专业养护,优化林地林龄、林种结构,促进植被演替,恢复森林的丰度、郁闭度、群落及植物种类的多样性,增强森林生态系统稳定性,形成兼备防护与景观双重功能的森林生态系统	三峰山省级自然保护区	2021.01—2030.12
2	太行山封山育林工程 因地制宜营造水源涵养林、水土保持林和特色经济林,加快荒山废地绿化进程。预期内完成太行山造林绿化面积13万亩,其中人工造林3万亩,封山育林和飞播造林10万亩	临城县西部太行山生态区	2021.01—2030.12

第二节 水域环境生态系统修复重点工程

构筑现代化的水利基础设施网络,全面提升水安全保障能力。优化水资源综合配置,积极推进后备水源工程建设,构建集约高效、保障有力的供水系统。加快防汛抗旱减灾体系建设,深入推进临城四廊流域防风固沙、水资源供给、行洪排涝、湿地生态等功能,加强主要河流堤防整治工程计划,全面提高水安全保障能力。强化预警预报基础设施建设,提高预报能力,减少灾害损失,全面提升临城县防汛抗旱减灾能力(表5-2)。

表5-2 水域环境生态修复重点工程

序号	工程内容	实施区域	建设时序
1	南水北调修复工程 南水北调渠道沿线两侧100 m范围内,要控制一切新建筑,原有建筑对水体有影响的,要按规定拆除,并对此范围进行全面绿化,使绿化率达到80%以上,确保南水北调水体不受污染	南水北调流域沿线	2021.01—2025.12
2	四廊流域生态修复工程 改善四廊沿线生态环境敏感脆弱的现状,提升森林生态系统服务功能和河流防洪排涝标准,减少土地沙化风险	泜河廊道、小槐河廊道、午河廊道和南水北调干渠廊道	2021.01—2030.12
3	湿地湖泊水资源修复工程 预期内全县湿地面积不小于2 519 hm²,重要江河湖泊水功能区水质达标率100%,河湖水面率不小于2.92%	"一水六河十九库"区域	2026.01—2030.12
4	地下水超采区综合治理工程 把地下水超采综合治理与落实最严格水资源管理制度结合起来,进一步量化、实化"三条红线"控制指标,探索水权交易制度,建立水资源监控体系	黑城镇、鸭鸽营乡、临城镇、东镇镇、重要基础设施保护范围区	2026.01—2035.12
5	泜河滨水生态景观带湿地与水域生态修复工程 建成一个生态修复、滨水休闲、运动娱乐、郊游休假、文化科教多功能于一体的综合滨水带状公园	临城东娄线泜河大桥下游500 m与隆尧县交界处	2031.01—2035.12

表5-2(续)

序号	工程内容	实施区域	建设时序
6	小槐河滨水生态修复工程 保证河道行洪能力的同时,提高河道外土地的利用率。进行河道疏浚、岸坡整修、两岸绿化	由西泥河村村西与赵云大道交汇处开始综合治理,到东镇镇107国道与小槐河交叉处结束	2026.01—2035.12
7	午河水域生态系统修复工程 进行农田灌渠建设,上游的库进行清淤扩容	午河及其相连水库	2031.01—2035.12

第三节　赵庄乡南部水土保持重点工程

对区内现有天然林、人工林进行全面保护,在保护区周围合理布设治沟和坡面截流等工程措施,大力营造水土保持林,建立防护林体系,提高林木覆盖率。同时加强原有果园改造和疏林地的补植工作,提高林木覆盖率,增强保水保土和抗蚀能力。建立和完善采矿地与水土保持区工程体系,恢复植被覆盖,调节和改善生态环境。具体防治措施包括:以治理采矿受损地区以及生物多样性保护区为主攻方向,在矿山生态修复区实施植物带;对现有的植被林地进行增补植,合理安排建设用地还果、还林,对幼林地进行封禁治理;侵蚀沟道布设沟头防护,防止沟道的下切和扩张(表5-3)。

表5-3　赵庄乡南部水土保持重点工程

序号	工程内容	实施区域	建设时序
1	赵庄乡南部水土保持综合治理工程 实施建设水土保持林、保土耕作等水土保持措施以及封育治理、疏林补植等林业措施;建设生态湿地和植物缓冲过滤带、栽植植物降解水质、坡面水系配套工程等环保基础设施	赵庄乡南部	2021.01—2035.12

第四节 矿山生态修复重点工程

矿区生态修复遵循"因地制宜,因矿而异"原则,统一规划,合理布局,科学设计,精细施工,应用场地稳定技术、污染防治技术、土壤熟化技术、植被修复技术、矿山污染治理技术、矿山地貌整治技术、矿山土地复垦技术和矿山植被修复技术等一系列生态修复技术,力争把矿山占用土地资源建设成为新型工业、农业、林业基地。

以自然保护区、风景名胜区、水源保护区、主要交通干线两侧为重点,对露天矿山进行综合整治,修复绿化责任主体灭失的露天矿山迹地,推动露天矿山土地复垦、地貌复原和生态绿化(表5-4)。

表5-4 矿山生态修复重点工程

序号	工程内容	实施区域	建设时序
1	临城县阎家庄铁矿	闫家庄村	2021.01—2025.12
2	临城县石窝铺铁矿	石窝铺村	2021.01—2025.12
3	临城县范家庄长石矿	岭西村	2021.01—2025.12
4	内丘县杏树台硫铁矿	上贯峪	2021.01—2025.12
5	临城县官都玻璃用石灰岩矿	自立庄村	2021.01—2025.12
6	临城县西台峪饰面用板岩矿	西台峪村	2021.01—2025.12
7	临城县赵家庄水泥灰岩矿	李家庄村、闫家庄村	2021.01—2025.12
8	邢台矿区竹壁煤矿	竹壁村	2026.01—2030.12
9	临城县竹壁石膏矿	竹壁村	2026.01—2030.12
10	临城县山口水泥灰岩矿	山口村	2026.01—2030.12
11	临城县山口里桃凹水泥灰岩	山口村	2026.01—2030.12
12	临城县王家庄水泥灰岩	王家庄村	2026.01—2030.12
13	临城县裕村水泥灰岩矿	祁村	2026.01—2030.12
14	邢台矿区祁村煤矿	岗头村	2026.01—2030.12
15	邢台矿区临城煤矿	西泥河村、东泥河村	2031.01—2035.12
16	临城县岗西水泥灰岩矿	南台村	2031.01—2035.12
17	临城县水南寺水泥灰岩矿	水南寺村	2031.01—2035.12
18	临城县山下石膏矿	山下村	2031.01—2035.12
19	临城县南程村铝土矿及耐火矿	山下村	2031.01—2035.12

表 5-4（续）

序号	工程内容	实施区域	建设时序
20	临城县西贾村水泥灰岩矿	西贾村	2031.01—2035.12
21	临城兴融第一煤矿	东贾村	2031.01—2035.12
22	临城县柏沟铁矿	柏沟村	2031.01—2035.12

第五节 农业农村生态修复重点工程

针对农村地区农地斑块破碎化、农村建设用地粗放、人居环境不优、农业面源污染等问题，依据国土空间规划、国土空间综合整治与生态修复专项规划等，大力推进乡村全域土地综合整治，统筹低效闲置建设用地整理、农用地整理、工矿废弃地复垦及未利用地开发等，开展农村土地综合整治，优化生产、生活和生态空间，促进耕地绿色生产、生态产品供给、农民居住环境优化的协调发展，提高自然资源利用效率，提升农产品生产能力，优化乡村人居环境。对污染土地，重点做好源头控制，轻度污染以预防为主，中度污染以控制为主，重度污染以修复治理为主（表5-5）。

表 5-5 农业农村生态修复重点工程

序号	工程内容	实施区域	建设时序
1	生态循环农业示范工程 支持各类农业优势产区、现代特色农业园区、生态高效农业生产基地、家庭农场等，实施种养结合、农牧循环工程和高效节水灌溉工程，集成推广生态循环技术和节水技术，打造一批生态循环农业示范区	石城乡中东部	2021.01—2030.12
2	水环境治理工程 农村生活污水治理项目	临城镇村镇地区	2031.01—2035.12

第六节 城镇生态提升重点工程

重点解决城镇内涝，县城河流排污问题，机动车通勤和污染物排放，从根本上解决环境污染等问题，推动城市集约发展、功能优化和品质提升，大力推进土地功能调整、城市修补和生态修复，为人民群众提供高品质生活空间，努力建设更加绿色、健康、宜居的城市,打造人与人、人与自然和谐共处的人居生活环境(表5-6)。

表5-6 城镇生态提升重点工程

序号	工程内容	实施区域	建设时序
1	临城镇高质量发展与生态文明建设工程 运用地上地下节地技术挖掘城市空间内部土地集约利用潜力,约束城市外延式扩张;以交通路网为重要廊道,对其进行提质、增效改善,加强中心城市与周边城市的联系与一体化建设;优化城市内部自然格局,与生态保护红线对接,合理布局绿心、绿楔、绿环、绿廊等城市结构性绿地,构建城市绿色空间体系。控制土地城市化速度和质量,调整城市内部用地结构	临城镇新城区补要村南部及黑沙二村北部	2021.01—2030.12
2	国家生态园林城市建设工程 临城县水系连通工程	临城镇村镇地区	2031.01—2035.12

第六章 保障措施

第一节 严格执行规划

一、加强规划实施的组织领导

各级党委、政府要将实施国土空间生态修复作为推进生态文明建设、维护生态安全的一项基础性任务和重要抓手,摆到突出位置,切实加强组织领导和基础保障。政府成立国土空间生态修复工作领导小组,对国土空间生态修复规划的实施进行统一组织、加强领导。

二、健全政府责任目标考核和奖惩机制

建立目标责任制,将国土空间生态修复目标完成情况作为自然资源资产报告和自然资源负债表的重要组成部分,并纳入地方政府评价考核体系。各级政府要建立和完善考核机制,强化国土空间生态修复规划目标的责任管理。各乡、镇应签订国土空间生态修复任务目标责任状,将任务完成情况与各类奖励挂钩,对组织措施得力、成效突出的给予奖励。

三、建立国土空间生态修复共同责任制度体系

建立政府主导、自然资源搭台、部门联动、多方参与的部门联动机制。发挥属地政府在国土空间生态修复的主体作用,建立不同层级政府实施生态修复的协调机制。有关部门要强化责任、密切配合,科学细化规划目标、重点任务,明确组织形式、建管方式、支出责任和部门任务,并按照职能分工组织落实。自然资源部门全面负责国土生态修复工作实施,对各类拟开展国土生态修复项目进行审查,严格执行项目审批、核准、备案制度;林业部门加强林业生态综合治理工程和项目的监督检查;农业部门加强对耕地尤其是基本农田的质量建设和修复工

作；监察部门加强对贯彻落实相关管理法律法规情况的监督检查。各部门应积极主动聚合力量，落实修复任务。

四、探索国土生态修复政绩考核评价体系

建立健全生态保护修复监管机制和绩效考核机制，实行自然资源资产离任审计，加强监管能力建设，提升管理效能，建立有效的规划实施效能评估机制。将国土生态修复规划实施监测评估纳入政府和有关责任人工作考核体系。加强规划实施全过程管理，强化对规划实施的督导和考核，将考核结果作为各部门及领导干部绩效考核的重要依据。健全监督问责机制，严格政府部门及相关领导干部环境质询、生态环境责任审计、问责以及引咎辞职等相关生态环境问责制度，完善行政监察制度和法律责任追究制度。

五、严格规划实施

规划一经批准，必须严格执行。各类国土空间生态修复项目的立项审批必须依据国土空间生态修复规划，各类国土综合整治和生态修复活动必须符合国土空间生态修复规划。杜绝随意修改、变更规划，切实维护规划的权威性和严肃性。建立完善的规划信息公示制度，将国土空间生态修复规划及其调整、年度计划和竣工项目评价等信息及时向社会公众公开，扩大规划实施的透明度，接受社会公众的监督。

第二节 完善规划体系

一、改进规划工作方式

编制国土空间生态修复规划，要坚持政府组织、专家领衔、部门合作、公众参与、科学决策的工作方针，科学系统地安排各项工作，切实提高规划决策水平。建立和完善规划修编的专家咨询制度和部门协调机制，加强规划的协调、咨询和论证等工作，提高规划决策的科学化和民主化水平。

二、建立健全规划体系

以服从上级规划的原则，组织修编国土空间生态修复规划，严格国土空间生态修复规划的编制和审批，落实国土空间生态修复规划确定的各项目标和任务。规划要立足实施，重在落实。鼓励乡（镇）、村编制本区域国土空间生态修复规划或项目区规划。做好国土空间生态修复规划与国民经济发展规划、国土空间规划、产业规划以及其他专项规划的衔接。完善国土空间生态修复专项规划体系，鼓励政府和部门编制各类生态要素专项规划、区域性生态修复专项规划。

第三节　健全规划实施管理制度

一、加强国土空间生态修复计划管理

制定国土空间生态修复年度计划管理办法，明确年度计划的编制与管理要求。抓好规划目标任务的分工落实，科学编制和实施国土空间生态修复年度计划。加强计划执行情况的评估和考核，保障规划任务持续有序推进。

二、严格国土空间生态修复资金管理

地方各级政府要大力整合生态建设、水利设施、地质环境治理及其他政策、项目和资金，采取预算不变、渠道不乱、用途不改的办法，捆绑投入，集中用于国土空间生态修复项目。不断加大对国土空间生态修复的资金支持力度，合理保障国土空间生态修复项目建设和运行资金。财政部门要结合环境保护税、资源税等税制改革，充分发挥税收调节机制，形成稳定的生态修复投入机制。建立政府主导、多元投入、有效整合的国土空间生态修复资金筹集与管理制度，健全国土空间生态修复资金管理制度，确保资金按时到位、合理使用、有效监管。

三、完善国土空间生态修复项目管理

严格执行项目法人制、招投标制、工程监理制、合同制、公告制、审计制和问责制，各级政府、部门要按照国家、省相关文件精神，结合当地实际不断完善项目管理，确保国土空间生态修复实施成效。加大重点工程实施管理和技术保障。选择国土空间生态修复潜力较大、基础条件较好、有较强的示范带动作用、预期投资效益明显的区域，构建国土空间生态修复重点项目备选库，有序、高效地促进国土空间生态修复工作开展。财政资金优先支持项目备选库项目实施。

四、健全国土空间生态修复实施监管体系

完善工作流程，实施国土空间生态修复项目全过程监管。建立年度稽查、例行检查和重点督察三位一体的监管体系，将专项检查与经常性监督检查相结合，提高监管质量和效率。建立规划督察员制度，将规划执行情况纳入自然资源执法监督内容。

第四节　创新国土空间生态修复市场机制

一、建立生态修复产品价值显化机制

结合自然资源资产清查,建立国土空间生态修复效能与价值度量方法,显化国土空间生态修复产品价值。建立国土空间生态修复效能产品指标储备制度,探索建立国土空间生态修复效能产品指标与建设用地指标使用挂钩制度。创设国土空间生态修复多功能地票制度,鼓励通过国土空间生态修复形成的耕地、林地、湿地等,在验收合格后申请地票交易。探索林地、草地、湿地等自然资源要素易地代保政策,显化自然资源优势区域价值。

二、建立生态修复效能指标交易机制

探索国土空间生态修复产品定价机制和交易办法,推进碳排放、排污权等生态产品交易市场,激发市场活力。各类依法取得的生态修复效能指标,经相关政府部门同意后可纳入市场,采取协议、招标、拍卖、挂牌等方式进行交易。支持鼓励社会各方参与,打造环境权益交易平台,尝试建立森林、水资源、湿地、农田、草原等多类型的生态银行。制定生态银行设立准则与市场交易流程。自然资源部门应切实加强指标交易宏观管控和计划管理,平衡各类指标的使用,调控区域差异,打造区域间相互促进、协作共赢的国土空间生态修复产业化平台。

三、设立国土空间生态修复专项资金

统筹政府投入,政策性贷款,私人、企业或社会团体出资等,多渠道筹措资金,建立国土空间生态修复资金,专项用于国土空间生态修复。探索债权和股权相结合的方式,降低融资成本与融资难度。发挥政府资金撬动作用,引导社会资本参与国土空间生态修复,实现市场化运作、滚动增值,充实生态修复资金来源。建立有效的项目监管机制和信息透明渠道,明确国土空间生态修复资金使用范围和资金拨付标准,实行资金专户专账管理,严格执行报账制和资金在线监控。

四、建立社会资本参与生态保护修复激励机制

加强与金融资本合作,发挥政策性银行融资优势,拓宽融资渠道,鼓励商业性、政策性、开发性等金融机构在依法合规、风险可控的前提下,为国土空间生态修复项目提供金融服务。建立健全生态资源融资担保体系,鼓励金融机构创新绿色金融产品。按照"谁投资、谁修复、谁受益"的原则,通过赋予一定期限的自

然资源资产使用权等产权安排,激励社会投资主体从事生态保护修复。明确社会资本进入国土空间生态修复的资质条件和实施路径,建立"多元投资、长期增值、自我发展、良性循环"的投入体制,优先考虑投资主体参与后续资源开发利用、产业发展等,保障各类社会主体平等享受财政、土地等优惠政策的权利。采取财政贴息、补充耕地指标奖励、企业亏损补贴、物价补贴等多项措施,对积极参与生态修复且成效良好的企业予以优惠,调动各类社会投资主体、自然资源权利人参与的积极性和主动性。对集中连片开展生态修复达到一定规模的经营主体,允许在符合土地管理法律法规和国土空间规划、依法办理建设用地审批手续、坚持节约集约用地的前提下,利用1%~3%的治理面积从事相关产业开发。

五、加强国土空间生态修复项目区土地利用制度创新

在严守生态保护红线和永久基本农田红线的基础上,引导有条件的地区在坚持生态保护优先的基础上将国土空间生态修复工作与生态旅游、林下经济、生态种养、生物质能源、沙产业、生态康养、休闲农业等特色产业发展,实现产业融合发展与生态环境改善互促互进。立足多功能定位、多模式实施,在建设用地规模不增加、耕地保有量不减少、生态环境有改善、空间格局有优化的基础上,探索制定国土空间生态修复项目区空间格局自主优化制度,建立项目区内建设用地与开发边界内土地置换政策。各地依据国土空间规划在国土空间生态修复后的土地上发展旅游产业,建设观光台、栈道等非永久性附属设施,在不占用永久基本农田以及不破坏生态环境、自然景观和不影响地质安全的前提下,其用地可不征收(收回)、不转用,按现用途管理。

第五节 强化规划实施技术支撑

一、提升国土空间生态修复科技支撑能力

加强国土空间生态修复基础理论、关键技术攻关,重点开展生态碳汇巩固提升技术、生态碳汇监测评估与核算技术、生态修复效能评估、生态修复价值实现与生态补偿、基于自然的解决方案、国土空间生态修复规划实施评估技术等重大问题研究,组织实施一批典型区域生态修复的技术集成与推广应用示范。加大重点实验室、生态定位研究站等科研平台建设,加快国土空间生态修复科技队伍建设,建立以企业为主体、市场为导向、产学研相结合的技术创新体系。

二、建立国土空间生态修复监测网络

建设并维护生态系统生态站或碳通量观测站,完善"天空地海"一体化生态系统碳收支监测体系。在优化现有资源与环境质量监测点位基础上,统一规划、整合资源,建设集遥感、雷达、地面站点等"天空地"协同一体化、涵盖自然资源与生态全要素的国土空间生态修复监测网络。建立国土空间生态修复监测制度,强化定期监测、专题评价分析,重点开展生态质量与生态修复年度监测、重大工程项目实施监测、生态修复增汇成效以及碳汇资源动态监测等工作,及时掌握国土空间生态修复规划主要目标、指标、重大工程实施进展。加快生态修复监测信息传输网络建设。开展生态修复大数据关联分析,有效监测自然资源变化和项目实施情况。

三、开展国土空间生态修复规划实施评估

建立规划动态调整机制,加强规划动态维护。建立规划编制、审批、修改和实施监督全过程留痕制度,确保规划管理全过程可回溯、可查询,涉及重大事项调整报原批准机关批准。探索国土空间生态修复实施效能评价方法,建立一年一体检、五年一评估的规划实施第三方评估制度,评估结果向省级人民政府报告,并向社会主动公开。

四、推进国土空间生态修复规划监管信息化建设

加快建立各级国土空间生态修复规划数据库,建立并完善国土空间生态修复项目报备系统。健全集中统一的国土空间生态修复项目备案制度,实现项目信息网上报备,做到项目全面全程信息化监督管理。建立国土空间生态修复综合监管信息平台,提高监管质量和效率。重点开展国土空间生态修复重点工程实施监测与监管。

第六节 鼓励公众参与

一、加大宣传力度

大力学习宣传习近平生态文明思想,加强自然生态国情宣传和生态保护法治教育,推动生态工程全民共建、生态产品全民共享。通过媒体宣传、公开宣讲、社会调查和群众投票等方式,对国土空间生态修复规划、年度计划、项目设计、实施效果等进行广泛宣传。依托网络平台,加强互动交流,提高全社会对规划的认识,增强民众对规划实施的支持程度,动员社会各界力量积极参加国土空间生态

修复。创新公众参与生态保护和修复模式,适当开放自然资源丰富的生态修复区域,让公众深切感受生态保护和修复成就,提高重大工程建设成效的社会认可度,积极营造全社会爱生态、护生态的良好风气。

二、推行信息公开制度

建立完善的规划信息公示制度,在国土空间生态修复实施过程中,政府的决策过程要公开,各类政策、文件、公告、协议要进行公告和公示,提高规划实施的透明度,实行规划实施"阳光操作"。加大宣传力度,提高全社会对规划的认识,增强群众对规划实施的支持和参与程度。

三、扩展公众参与渠道

强化公众在临城县国土生态修复全过程中的参与度,制定民众意见的反馈与处理程序,通过制度保护民众的知情权,意愿的表达权,保证民众的建议和意见能得到及时回应。拓宽表达通道,加强公众内部、公众与政府之间的联系,多渠道获取公众反馈信息,及时掌握公众诉求和思想动向,积极开展政策解读,加强舆论引导,回应公众关切问题,动员社会各方力量积极投身国土空间生态修复工作。

四、建立健全听证咨询制度

构建协调、有效、互动的听证咨询运作机制以利于提高规划实施的科学性。各级政府要加强对规划听证咨询工作的组织领导,明确听证适用范围。对事关群众切实利益、有较大争议或有明显利益冲突的问题必须进行听证咨询。增强听证咨询参与者的代表性,选择能够代表党员群众切身利益的人员参与听证咨询会,确保规划顺民意得民心。

五、营造良好社会氛围

大力学习宣传习近平生态文明思想,加强自然生态国情宣传和生态保护法治教育,推动生态工程全民共建、生态产品全民共享,大力推进全民义务植树,创新公众参与生态保护和修复模式,适当开放自然资源丰富的重大工程区域,让公众深切感受生态保护和修复成就,提高重大工程建设成效的社会认可度,积极营造全社会爱生态、护生态的良好风气。将国家公园、自然保护区、各类自然公园、科技馆等作为普及生态保护知识的重要阵地,依托植树节、世界水日、世界环境日、世界防治荒漠化与干旱日等活动,开展主题宣传,提高公众尊重自然、顺应自然、保护自然的自觉意识。

参 考 文 献

[1] 崔晓萌.基于生态脆弱性评价的生态修复关键区域识别与修复研究[D].徐州:中国矿业大学,2023.
[2] 邓建.露天煤矿生态修复治理规划研究[J].内蒙古煤炭经济,2023(16):34-36.
[3] 丁禹元,岳邦瑞,陆惟仪,等.生态系统服务治理框架对国土空间生态修复规划的启示[J].中国园林,2022,38(12):26-31.
[4] 董叶.淮南市采煤塌陷区景观环境修复与景观再生设计研究[D].西安:西安建筑科技大学,2023.
[5] 樊京念.鲁西南某采煤沉陷区生态修复项目规划建设思路探索[J].煤炭加工与综合利用,2023(6):81-84.
[6] 顾恬玮,彭建,姜虹,等.流域国土空间生态修复:理论认知与规划要点[J].自然资源学报,2023,38(10):2464-2474.
[7] 何舸.国土空间规划背景下的山体生态修复规划研究:以南宁市为例[J].环境工程技术学报,2023,13(3):1234-1241.
[8] 胡许达.基于矿山生态修复理论的采石废弃地生态修复与景观重构研究:以南昌市三里乡采石场为例[D].南昌:江西农业大学,2023.
[9] 黄玉莉,陈耀政,叶宗达,等.基于生命共同体理论的桂林市国土空间生态修复规划探讨[J].规划师,2023,39(9):98-104.
[10] 晋欢.环巢湖区域生态安全格局构建及修复路径研究[D].合肥:安徽农业大学,2023.
[11] 黎兵,严学新,代兵,等.地质工作支撑服务国土空间规划的问题和策略:来自《上海市国土空间生态修复规划》的启示[J].地质论评,2023,69(3):1055-1062.
[12] 李琪.国土空间规划背景下流域山水林田湖草生态修复策略:以长沙市沙

河流域为例[J].城市建设理论研究(电子版),2023(16):196-198.

[13] 李自南.国土空间规划背景下的城市生态修复[J].黑龙江环境通报,2023,36(3):44-46.

[14] 刘心怡.基于生态安全格局的冷水江市生态修复规划研究[D].长沙:中南林业科技大学,2023.

[15] 乔卫学.城郊地区生态空间修复与规划策略研究:以义乌市稠江街道为例[D].杭州:浙江农林大学,2023.

[16] 孙俊华.关于县级国土空间生态修复规划编制的探讨:以大同市云冈区为例[J].华北自然资源,2023(5):132-134.

[17] 唐泽伟,李丽国.重大工程的生态系统保护与修复规划研究:以南宁市为例[J].城市建筑空间,2023,30(S1):50-52.

[18] 王靖淘,马静.倾斜摄影测量技术在矿山生态修复规划中的应用[J].能源与节能,2024(1):245-248.

[19] 向劲东,夏珂,周道靖.川西地区典型县域国土空间生态修复规划案例研究[J].环境科学与管理,2022,47(11):55-59.

[20] 颜乐源.市县国土空间生态修复规划的理念与架构:以日照市岚山区为例[J].农业开发与装备,2023(10):80-82.

[21] 姚龙杰.国土空间生态修复规划优先区域评估框架整合优化研究[D].西安:西安建筑科技大学,2023.

[22] 郑凯,唐娜娜.基于生态修复的乡村河道景观规划探究[J].居业,2023,15(7):10-12.

[23] 周永鹏.国土空间规划背景下"生态修复型"村庄规划编制的实践:以《肥东县桥头集镇龙泉社区村庄规划》为例[J].建设科技,2023(16):39-41.

[24] 朱明页.国土空间生态修复规划指标适地性优化研究:以宝鸡市为例[D].西安:西安建筑科技大学,2023.

[25] 朱志兵,刘奇志,徐放,等.市级国土空间生态修复规划编制体系构建与传导机制探索:以武汉市为例[J].城市规划学刊,2023(5):62-70.